Den Tiger zähmen

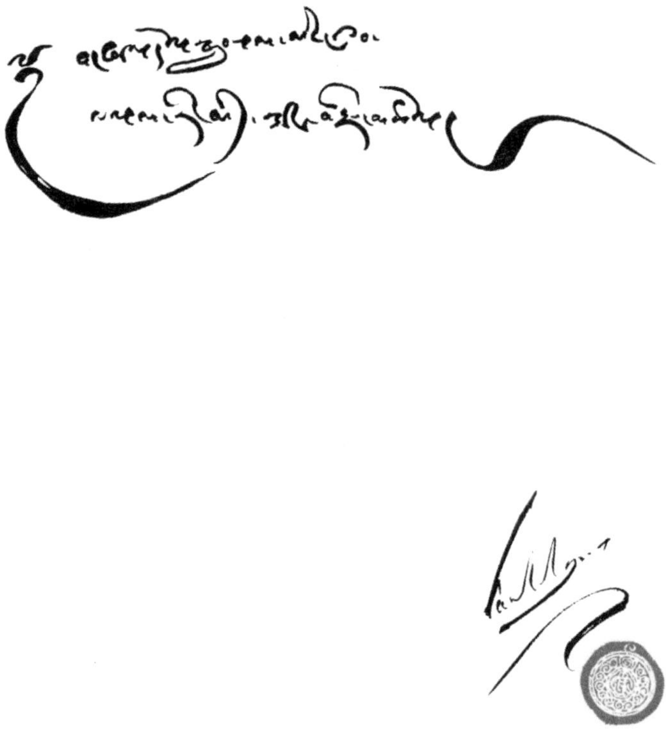

Akong Rinpoche

Den Tiger zähmen

Selbstheilung aus der Weisheit Tibets

Aus dem Englischen
von Sylvia Wetzel

edition steinrich

MIX
Papier aus verantwortungsvollen Quellen
FSC® C110508
www.fsc.org

Bibliografische Information der Deutschen Bibliothek:
Die Deutsche Bibliothek verzeichnet diese Publikation in der Deutschen Nationalbibliografie; detaillierte bibliografische Daten sind im Internet über http://dnb.ddb.de abrufbar.

www.edition-steinrich.de

Titel der englischen Originalausgabe: Taming the Tiger
erschienen bei Dzalendara Publishing, Kagyü Samye Ling Tibetan Centre, Eskdalemuir, nr. Langholm DG 13 0QL, Schottland

Überarbeitete Neuausgabe
Durchgesehen und auf den Stand der 2. englischsprachigen Auflage (1994) gebracht von Petra Niehaus, Dorine van Ruler und Ulrich Küstner

Umschlaggestaltung: Ingeburg Zoschke, Berlin
Umschlagillustration: S. E. der 12. Khentin Tai Situpa
Gestaltung und Satz: Grafikstudio Scheffler, Berlin
Druck: Westermann Druck Zwickau
Printed in Germany

ISBN 978-3-942085-06-9

Möge dieses Buch zu mehr Bescheidenheit,
Frieden und Einsicht in der Welt beitragen.

Inhalt

Einleitung

Es gibt inzwischen zahlreiche Bücher, die von zutiefst spirituellen Menschen geschrieben oder aus ihren Vorträgen und Seminaren zusammengestellt wurden. Angesichts so vieler kostbarer Juwelen der Weisheit halte ich es nicht für wirklich notwendig, meinen eigenen begrenzten Beitrag hinzuzufügen. Viele Menschen haben mich jedoch um die Veröffentlichung einiger meiner Anregungen gebeten, die ich im Laufe der letzten fünfzehn Jahre in verschiedenen Zentren gegeben habe. Sie glauben, dies könne sowohl meinen Schülern als auch den Menschen helfen, denen ich noch nicht persönlich begegnet bin, weder in Kagyü Samye Ling noch in den verschiedenen Samye Dzongs*, die mit mir in Verbindung stehen.

Auf ihre ernsthaften Bitten hin habe ich der Veröffentlichung zugestimmt und hoffe, dass dieses Buch, in dem ich versuche, mein – – Wissen weiterzugeben, für einige hilfreich ist. Das, was meine Worte Ihnen geben können, ist vermutlich zu einem großen Teil davon abhängig, wie viel Mühe Sie beim Lernen aufwenden und wie stark ihre Motivation ist, sich wirklich weiterzuentwickeln. Ich bin aber sicher, dass einige von Ihnen etwas Hilfe finden werden, einige, mehr, einige weniger.

Der wahre Gewinn liegt in der Entwicklung von Frieden und gegenseitigem Verstehen – einem Verständnis für die Welt, für die Menschen, die uns umgeben, aber auch für uns selbst. Haben wir das erreicht, wird unsere Weisheit uns und anderen

* Kagyü Samye Ling ist das Hauptzentrum und Kloster von Akong Rinpoche in Schottland, Samye Dzong die internationalen Stadtzentren unter seiner Leitung.

zugute kommen. Sie strahlt aus auf unsere Familie, die Gesellschaft und sogar auf ganze Völker.

Im ersten Teil dieses Buches finden Sie allgemeine Ratschläge für das tägliche Leben. Es geht um die Art und Weise, wie wir Situationen und Schwierigkeiten erfahren. Der zweite Teil zeigt Methoden auf, wie wir mit diesen Schwierigkeiten umgehen können, indem wir verschiedene geistige Übungen anwenden. Ich bin mir nicht sicher, wie diese Übungen eingeordnet werden sollten. Sie können als Meditationen, als Entspannungsübungen oder als geistige Therapie verstanden und angewendet werden. In sich tragen sie kein spezielles Etikett. Ich bin niemand Besonderes, der die Probleme aller lösen könnte. Ich schenke Ihnen diese Übungen als Freund.

Wir suchen oft nach einer anderen Welt, nach dem Himmel irgendwo auf Erden. Ob dieses unser Leben jedoch zum Himmel oder zur Hölle wird, hängt letztlich einzig und allein von uns ab, von unserem Inneren und unseren Absichten. Es scheint mir von größter Bedeutung zu sein, dass wir einfach und langsam arbeiten, Schritt für Schritt, und uns so allmählich zu besserem Verstehen hin entwickeln. Ich glaube, dann werden wir den Himmel in unserem Leben finden und müssen uns nicht mehr nach einem Shangri-la** irgendwo außerhalb von uns sehnen.

Ich hoffe, dieses Buch trägt zum besseren Verständnis zwischen Menschen und Nationen bei. Diesem Ziel widme ich allen Segen, der daraus erwächst.

DR. AKONG TULKU RINPOCHE
Kagyü Samye Ling, April 1994

** Fiktiver Ort des Friedens, das Paradies. Anm. d. Ü.

Vorwort des Herausgebers

Wer Akong Rinpoche begegnet ist, kennt seine Bescheidenheit und seine Menschlichkeit, seine Hilfsbereitschaft und seinen erdverbundenen, mitfühlenden Lehrstil. Seine Anweisungen für die Praxis des Dharma – die Lehren des Buddha – können von Menschen mit ganz unterschiedlichen Lebensstilen angewendet werden, von Menschen, die in Familien leben, mit Kindern, die Berufen nachgehen, aber auch von buddhistischen Mönchen oder Nonnen. Durch ihre Klarheit und Einfachheit sind diese Lehren allen zugänglich und können sich für alle als hilfreich erweisen.

Es ist sehr schwierig, den Charakter dieser Lehren allein durch das gedruckte Wort zu verdeutlichen. Ein Großteil seiner Lehren vermittelt Rinpoche durch sein Beispiel. Was auch geschieht, er bewahrt stets sein inneres Gleichgewicht und ein Gefühl von Raum. Sein Humor nimmt einer Situation oft die Schärfe, vor allem, wenn die Dinge uns zu sehr bedrücken oder wir dazu neigen, aus einer Mücke einen Elefanten machen. Die Arbeit mit den Anleitungen und Übungen, die in diesem Buch zusammengetragen wurden, war mir eine große Hilfe. Es ist kaum möglich, Rinpoches kraftvollem und direktem Lehrstil gerecht zu werden, und dieses Buch kann die Tiefe und den Reichtum seines umfassenden Verständnisses nur andeuten. Aber Rinpoche schlägt uns vor, immer unser Bestes zu tun und damit zufrieden zu sein.

»Den Tiger zähmen« ist aus schriftlichen Aufzeichnungen und Tonbandaufnahmen von Rinpoches Vorträgen entstanden. Darüber hinaus enthält es neues Material, das er freundlicherweise im Laufe der Entstehung des Buches beigefügt hat. Kein Buch ist jemals ganz perfekt, aber wir haben unser Möglichstes getan, Rinpoches Anleitungen und Anweisungen so getreu und genau wie möglich wiederzugeben.

Rinpoche lebt seit 1963 im Westen. In diesen Jahren hat er in Europa, Amerika und Südafrika gelehrt. Er hat die vielen Schwierigkeiten kennengelernt, denen Menschen aus dem Westen ausgesetzt sind. Der Druck, die Spannung und Geschwindigkeit des modernen Lebens sind nicht gerade das optimale Umfeld für Entspannung oder Meditation. Aus Mitgefühl und dem Wunsch heraus, Menschen in ihrem Alltagsleben beizustehen, gab Rinpoche daher die Unterweisungen in diesem Buch. Sie können uns helfen, Gewahrsein zu entwickeln und einen Raum zu schaffen, der es ermöglicht, unsere Welt klarer zu sehen und entspannter und offener zu sein für das, was in uns und in unserer Umgebung geschieht. Auf diese Weise können wir über unser selbstbezogenes Ich hinausgehen, das immer versucht, seine Träume zu verwirklichen. Stattdessen beginnen wir zu verstehen, dass unsere alltägliche Wirklichkeit einem Traum gleicht, und werden deshalb vielleicht nicht mehr so viel leiden.

»Den Tiger zähmen« entstand, weil eine ständig wachsende Zahl Schüler, die selten Gelegenheit haben, Rinpoche persönlich zu erleben, ihn immer wieder baten, er möge seine Lehren allen zugänglich machen, die ihrer bedürfen. Für uns Schülerinnen und Schüler liegt der Zweck dieses Buches darin, unser Gedächtnis aufzufrischen, uns an seine Ratschläge zu erinnern und uns auf die eine oder andere Art inspirieren zu lassen. Menschen, die Rinpoche noch nicht kennen, werden mit den Gründen, die für eine Schulung des Geistes sprechen, vertraut und erhalten eine Einführung in die dabei angewendeten Methoden. Möge dieses Buch allen als Inspiration dienen.

Clive Holmes

Danksagung

Wir bedanken uns bei allen, die zur Entstehung dieses Buches beigetragen haben.

Bei Rob Nairn aus Kagyü Samye Ling in Nieu Bethesda, Südafrika, dessen erste Niederschrift eines Therapiekurses, den Akong Rinpoche 1983 in Südafrika gab, als Grundlage für die Entwicklung der Übungen diente.

Bei Colin Betts für die Überarbeitung des ersten Konzepts.

Bei Vin Harris und Phil Johnson, die mit ihren Aufzeichnungen und ihren Einsichten zur Entwicklung des Textes beitrugen.

Bei Bill Watson für seine Mitarbeit bei der Herausgabe des Buches und bei Hanna Hündorf und Wendy Swan für ihre Hilfe bei der Endredaktion des Textes.

Bei Hanna Hündorf und Ashley Mago für ihre Hilfe bei der Herstellung des Buches.

Bei Hylda Bruges für ihre großzügige Unterstützung der Kurse in Edinburgh, die das wichtigste Versuchsfeld für die Übungen waren.

Bei den Teilnehmerinnen und Teilnehmern der vielen Kurse in Großbritannien, Europa, Amerika und Südafrika, die mit ihren Fragen zum und Reaktionen auf den Inhalt des Buches dazu beitrugen, es in die jetzige Form zu bringen.

Clive Holmes
Edie Irwin

Den Tiger zähmen

Ein kontrollierter Geist führt zu Zufriedenheit.
Gautama Buddha

Der Geist ist die Wurzel all unserer Erfahrungen mit uns selbst und mit anderen Menschen. Nehmen wir die Welt nur undeutlich wahr, werden daraus Verwirrung und Leiden erwachsen. Wir gleichen einer Person mit einem Sehfehler, die die ganze Welt verkehrt herum sieht, oder einem ängstlichen Menschen, der sich vor allem fürchtet. Wir mögen uns unserer Unwissenheit und unserer falschen Wahrnehmung gar nicht bewusst sein, doch lässt sich unser gegenwärtiger Geist mit einem wilden Tiger vergleichen, der durch unser tägliches Leben tobt. Getrieben von Verlangen, Hass und Verwirrung, jagt dieser ungezähmte Geist blindlings allem nach, was er begehrt, und schlägt auf alles ein, was ihm im Weg steht; dabei hat er wenig oder gar kein Verständnis dafür, wie die Dinge wirklich sind.

Diese Wildheit, mit der wir uns auseinandersetzen müssen, ist nicht nur die der Wut und Raserei; sie ist sehr viel grundlegender. Die Neigung, uns von Unwissenheit, Hass und Verblendung antreiben zu lassen, ist es, die uns gefangen hält und der Vorherrschaft von Verwirrung und negativen Gefühlen den Weg bahnt. So wird unser Geist wild und unkontrollierbar, und unsere Freiheit wird nachhaltig zerstört.

Normalerweise sind wir so blind, dass uns nicht einmal bewusst ist, wie wild unser Geist tatsächlich ist. Misslingt uns etwas, geben wir lieber anderen Personen und Umständen die Schuld, statt in uns selbst nach den Ursachen des Leidens zu suchen. Wenn wir aber jemals wahren Frieden und wahres Glück finden wollen, müssen wir uns dieser inneren Wildheit stellen und mit ihr arbeiten. Nur so können wir mit der Zeit unsere Energie positiver und ausgeglichener einsetzen und hören auf, uns und anderen Schaden zuzufügen.

Wollen wir den Tiger zähmen, müssen wir ihn zunächst einmal aufspüren. Beides ist nicht einfach; doch müssen wir uns den Schwierigkeiten und Gefahren einfach stellen. Ist ein Kind schwächer und in seiner Entwicklung zurückgeblieben, so hilft es wenig, wenn es faul sein darf und tun und lassen kann, was es mag. Es liegt in der Verantwortung der Eltern, das Kind zum Gehen zu ermutigen, damit sein Körper gut wächst und stark wird. Die Festigkeit der Eltern können wir dabei als Ausdruck wahren Mitgefühls ansehen. Ähnlich sollten wir bei der Schulung unseres Geistes verfahren; auch wenn sie zunächst schwierig oder sogar schmerzhaft ist, müssen wir es einfach versuchen und dabeibleiben.

Alle Menschen, die leiden, können die Lehren dieses Buches anwenden, nicht nur Asiaten oder Buddhisten. Die Menschen aus dem Osten unterscheiden sich von westlichen Menschen im Hinblick auf ihre Gesichtszüge, Kleidung, Sitten und Ausdrucksweisen; die menschliche Natur ist jedoch universell, sie reicht tiefer als Rassenmerkmale oder die Hautfarbe. Freundlichkeit erweckt im Allgemeinen überall eine positive Reaktion, während ihr Gegenteil zu Zorn, Kummer und Schmerz führt. Betrachten wir unsere Erfahrungen mit Freude und Leid genauer, so wird klar, dass der Geist, der hinter dem steht, was wir tun oder sagen, der gleiche ist, im Osten wie im Westen. Wo aber ist dieser Geist? Wir müssen nur unser Verhalten, unsere alltäglichen Wünsche und Leiden untersuchen, dann entdecken wir ihn.

Wir Menschen wollen viel und hängen an vielen Dingen im Leben. Das kann für uns und andere viel Leid bringen. Wird ein Wunsch nicht erfüllt, sind wir unglücklich. Und selbst wenn wir bekommen, was wir wollen, ist unser Glück nicht von Dauer; unweigerlich entsteht ein neuer Wunsch und tritt an die Stelle des alten. Immer wieder befriedigen wir nur unser Verlangen; es ist endlos, grenzenlos und so weit wie der Himmel.

Dieser Prozess wiederholt sich unser ganzes Leben lang. Als Kinder möchten wir viel Spielzeug – eins ist nicht genug –, und jedes wird schnell wieder langweilig. Später geht es uns vielleicht um eine gute Ausbildung, oder wir versuchen, viele Freunde zu finden. Von Verlangen getrieben, häufen wir materielle Besitztümer an, haben ein ganzes Sortiment verschiedener Kleidungsstücke, kaufen besondere Nahrungsmittel und sammeln Häuser, Autos, Radios und Fernseher an. Weniger offensichtlich vielleicht sind unsere Wünsche nach Schönheit und Gesundheit. Manchmal werden wir sogar krank, um Aufmerksamkeit, Mitgefühl und Freundlichkeit zu erhalten. Sind wir dann schließlich krank, möchten wir wieder gesund sein.

Das Gleiche gilt für unsere Essgewohnheiten: Ist unser Bauch gefüllt, möchten wir, dass er wieder leer ist; ist er leer, wünschen wir, er wäre voll. Auf unterschiedliche Weise suchen wir ständig nach dem, was wir nicht haben, und träumen davon, ohne dass wir je wirkliche Befriedigung finden. Trotz all unserer Bemühungen, Anstrengungen und Ausgaben gelingt es uns nie, unsere Wünsche zu erfüllen.

Der Fehler liegt darin, dass wir unser Glück außerhalb von uns suchen; wir begreifen nicht, dass wirkliches Glück nur von innen kommen kann. Gefällt uns eine bestimmte Blume und pflücken wir sie, schwindet ihre Schönheit innerhalb weniger

Tage. Doch während die Blume welkt und stirbt, bleibt unser Verlangen bestehen, und wir wollen eine neue Blume. Mit Sicherheit kann keine Blume unser Verlangen für immer stillen; wir brauchen beständig Nachschub. Wir müssen also die Art und Weise, wie wir die Welt betrachten, verändern. Es geht darum, unser Verlangen zu akzeptieren, ohne uns davon antreiben zu lassen. Erst dann sind wir zufrieden mit dem, was wir haben, statt unaufhörlich mehr zu wollen.

Verlangen ist grenzenlos. Wie der Geist keine Form und kein Ende hat, hat auch Verlangen keine Form und kein Ende – es ist ohne Gestalt, es setzt sich einfach immer fort. Deshalb hört die endlose Suche nach Befriedigung erst dann auf, wenn wir unseren Geist zähmen und unser Verständnis entwickeln. Gelingt uns das, sind wir vielleicht ein wenig reifer, ein bisschen erwachsener geworden.

Selbstverständlich ist unser Geist bis zu einem gewissen Grad bereits geschult. Im Säuglingsalter sind unsere Handlungen, Bewegungen und Geräusche rein impulsiv. Später, mit zunehmendem Alter, lernen wir, uns etwas zu kontrollieren, und wir werden unabhängiger. Durch manchmal auch mühevolle Erfahrungen mit anderen Menschen entwickeln wir ganz natürlich ein bestimmtes Maß an Verständnis und Reife. In diesem Sinne, so könnte man sagen, haben wir den Tiger schon ein wenig gezähmt, einfach dadurch, dass wir unser Leben leben und jeden Tag ein wenig wachsen. Doch das bedeutet noch lange nicht, dass wir den Tiger auch reiten können.

Georges I. Gurdjieff verglich die Schulung des Geistes einmal mit der Zähmung eines wilden Pferdes. Man zähmt wilde Pferde weder dadurch, dass man sie völlig sich selbst überlässt, noch dadurch, dass man sie ständig schlägt. Solch extreme

Methoden schlagen unweigerlich fehl. Wir müssen einen Mittelweg finden. Glauben wir von vornherein, dass der Versuch, das wilde Pferd zu zähmen, die Mühe nicht lohnt, erreichen wir überhaupt nichts. Wir müssen einfach akzeptieren, dass das Pferd wild ist, es so behandeln, wie es seiner Natur entspricht, und voller Mitgefühl an seine Zähmung herangehen. Am wichtigsten ist vielleicht, dass uns das Pferd als Reiter annimmt.

Wir können erst dann reifen, wenn wir akzeptieren, wer wir sind. Es hilft nichts, wenn wir versuchen, die Schuld für unsere Wildheit der Gesellschaft, unserer Familie oder unseren Feinden zuzuweisen. Wir müssen mit uns zurechtkommen, so wie wir wirklich sind, und unser Denken akzeptieren, sei es nun gut oder schlecht. Alle aufkommenden Gedanken lassen wir durch uns hindurchfließen. Wir agieren sie nicht impulsiv aus, wir versuchen nicht, sie zu unterdrücken oder einzusperren.

Versuchen wir nämlich die schlechten Gedanken auszusondern und sie in einem Müllbeutel zu verstecken, statt sie anzunehmen, wird der Beutel irgendwann einmal so voll, dass er platzt. Das kann zu psychischen Störungen führen und ähnlich einem ungezähmten Tiger können wir viel Schaden anrichten und anderen großen Schmerz zufügen. Daher sollten wir lieber mit dem Negativen in uns arbeiten und es umwandeln. Dann findet die Kraft des Tigers in einem guten Sinn Anwendung.

Wir sind auf dem richtigen Weg, wenn wir den Tiger mit Würde und Akzeptanz zähmen. Wir akzeptieren den Tiger, selbst wenn wir ihn nicht direkt sehen können. Wichtig ist, dass wir uns den Umständen stellen, so wie sie sind. Ob wir religiös sind oder nicht, Mann oder Frau, jung oder alt, unsere Leiden gleichen sich, nur die Gründe für diese Leiden sind sehr verschieden. Sind wir alt, so erfahren wir die Leiden, die das Alter mit sich bringt, in mittleren Jahren die Leiden, die mit Arbeit und Beziehungen verbunden sind, und wenn wir jung sind, erfahren wir die Leiden der Erziehung und des Erwachsenwerdens. Unser ganzes Leben lang sind wir mit einer ununterbrochenen Folge von Leiden konfrontiert, die der Entwicklung und den Veränderungen unseres Körpers geschuldet sind.

Es gibt viele verschiedene Arten des Leidens, und ihre Intensität und ihr Ausmaß können sich ändern, doch gibt es nur einen wirksamen Weg, uns von den Leiden unseres Daseins zu befreien: Wir müssen sie akzeptieren. Wir führen weiterhin unser alltägliches Leben, aber wir versuchen nicht mehr, die ganze Welt unseren Wünschen und Erwartungen anzupassen. Im Alter akzeptieren wir, dass wir alt sind. In der Jugend akzeptieren wir das genauso – wie immer unsere Lage ist, wir nehmen sie einfach an. Gelingt uns das, sind wir weitgehend von unserem Leiden befreit. Sobald wir es loslassen können, fällt es einfach von uns ab.

Das bedeutet nun nicht, dass die Lösung in völliger Passivität und Untätigkeit der Welt gegenüber besteht. Wir müssen auch nicht endlos um ein perfektes Leben kämpfen. Stattdessen folgen wir einem Mittelweg zwischen diesen beiden Extremen. Haben wir unser Leben in seiner Begrenztheit erst einmal angenommen, sind wir willens, in jeder Lage unser Bestes zu geben und uns flexibel und gemäß unserer Einsicht zu verhalten; wir kennen unseren Entwicklungsstand, und wir kennen die Situation, die wir vorfinden. Unser Ziel ist klar: Wir wollen völlig frei werden von den Ursachen des Leidens und aufhören, uns selbst und anderen neue Schmerzen zuzufügen.

Zuerst versuchen wir, unser eigenes Leiden zu lindern. Der

Weg dahin ist für alle der gleiche, wo immer wir uns auch befinden. Akzeptieren wir, dass die Ursachen unseres Leidens hauptsächlich in der Unfähigkeit des Geistes liegen, all seine Wünsche zu befriedigen, erkennen wir, dass diese Ursachen in uns selbst liegen und nicht etwa von unserer Umgebung geschaffen werden. Gleichgültig, aus welcher Gesellschaft wir kommen, ob wir spirituell sind oder nicht: Wenn wir einsehen, dass Verlangen unserem eigenen Geist entspringt, dann können wir uns weiterentwickeln. Uns wird bewusst, dass andere genauso leiden wie wir selbst, und daraus erwächst ganz von selbst Mitgefühl. Gleichzeitig begreifen wir, dass die anderen, genau wie wir, einfach nur glücklich sein wollen.

Im Buddhismus bezeichnet Mitgefühl den Wunsch, allen Wesen Gutes zu tun. Geben wir jedoch uns selbst die Schuld bei allen Schwierigkeiten, die in unserem Geist entstehen, so haben wir nicht genügend Mitgefühl für uns selbst. Und wenn wir kein Mitgefühl für uns haben, wie können wir es dann für andere entwickeln? Tatsächlich geht es überhaupt nicht um »Schuld«, noch darum, uns zu quälen oder zu bestrafen. Wir erkennen einfach an, dass Verlangen in unserem eigenen Geist entsteht und nirgendwo sonst. Dies erweckt in uns Vertrauen und Weisheit, und wir begreifen, dass Verlangen genauso im Geist anderer Menschen entsteht wie in unserem eigenen. An diesem Punkt werden wir fähig, gute Beziehungen zu anderen herzustellen, und unser Mitgefühl für sie wächst. Dann beginnt eine Zeit echter Freundschaft.

Für alle, nicht nur für Anfänger, ist es hilfreich, wenn wir verstehen, wie wir unseren Geist zähmen können. Wir glauben vielleicht, sehr viel zu wissen und das Leben zu kennen, doch unseren Geist zu zähmen, das ist für uns alle das Wichtigste, das

Erste, das Grundlegende. Dadurch entwickeln wir Mitgefühl und Freundschaft, statt Feindschaft für uns und andere zu empfinden. Ein tibetisches Sprichwort sagt: »Es ist sehr leicht, sich Feinde zu machen, doch eine Freundschaft wachsen zu lassen, dauert eine lange, lange Zeit.« Wir können das Leiden überwinden, indem wir freundschaftliche Bande entwickeln, innerhalb unserer Familie, unserer Gesellschaft und zwischen den Völkern in aller Welt. Wir versuchen, freundlich zueinander zu sein, in jeder Situation.

Die kostbare menschliche Existenz

So selten wie ein Stern am Tag
ist diese kostbare menschliche Existenz.
Gampopa, Juwelenschmuck der Befreiung

Es ist jetzt, in diesem Augenblick, sehr wichtig zu begreifen, wie wertvoll unser Körper und wie kostbar unsere Zeit ist. Es muss nicht erst ein Unglück geschehen, bevor wir uns dessen bewusst werden. Wüssten wir unser Glück wirklich zu schätzen, würden wir unseren Geist jetzt zu entwickeln suchen, solange wir die Möglichkeit dazu haben.

Bereits vom weltlichen Standpunkt aus gilt uns unser Leben als kostbar, und wir versuchen, es zu erhalten. Die Schwierigkeit liegt darin, dass wir uns im Allgemeinen mit den am wenigsten wertvollen Aspekten unseres Daseins identifizieren. Denken wir an die »Kostbarkeit« unseres Lebens, beschränkt sich das meist auf den Versuch, unseren Körper vor Alter, Krankheit, Kälte und Hunger zu schützen; dabei bedenken wir nur selten, dass er eines Tages zwangsläufig sterben muss. Kurz gesagt, wir wären am liebsten für immer reich, gesund und schön. Gefällt uns etwas nicht, versuchen wir, es zu verändern, während wir bei Entwicklungen, die uns nicht willkommen sind, alles andere tun, als uns ihnen zu stellen. Wir Menschen sind in einem fortwährenden Kreislauf von Freude und Leid gefangen. Wir verfehlen sehr leicht den Sinn unseres Daseins, wenn wir uns ausschließlich mit Beziehungen, Besitz, Aussehen, Arbeit und Unterhaltung beschäftigen.

Eigentlich sind wir aber zu viel mehr fähig. Selbst Insekten

und Tiere, die nicht denken können, schützen ihren Körper durch eine warme, bequeme Umgebung und vermeiden Schmerzen. Beschränken wir uns auf diese Aktivitäten, versäumen wir, unsere weitaus größeren Möglichkeiten auszuschöpfen – und vergeuden unsere Fähigkeiten.

Wir müssen begreifen, was wir im Hinblick auf unser eigenes Wohl und das der anderen tatsächlich erreichen können. Diese Einsicht wird uns befähigen, mit der Zeit ein nützliches und wertvolles Leben zu führen. Selbst ein einzelner Mensch kann in der Welt viel Gutes bewirken. Der Buddha beispielsweise hat durch seine Lehren Millionen von Menschen geholfen, ebenso Jesus Christus und der Prophet Mohammed. Auch die Arbeit von Wissenschaftlern wie Edison und Pasteur ist für die Menschheit von unschätzbarem Wert. Vielleicht können wir nicht so viel erreichen, nicht reich und berühmt werden, doch mit Entschlossenheit und Ausdauer können auch wir unsere Fähigkeiten entfalten. Wir haben schon sehr viel erreicht, wenn wir uns und anderen in unserer Umgebung Glück bringen und uns und sie von Leiden befreien können.

Es gibt Zeiten, da scheint es uns unnötig, unseren Geist zu zähmen; wir glauben, bereits glücklich genug zu sein. Doch dieses Glück kann schnell vergehen; wir brauchen uns da nichts vorzumachen. Es gleicht Sandburgen, die Kinder am Strand bauen – über kurz oder lang kommt die Flut und spült sie fort. Physische Freuden und materielles Glück dauern bestenfalls eine kurze Zeit, und häufig sind sie nur für uns selbst von Nutzen.

Im Gegensatz dazu ist die Freude, die aus tiefer, innerer Entwicklung entsteht, von Dauer; sie nimmt beständig zu und kommt auch anderen zugute. Sie gleicht einem magischen

Feuer, das hell weiterbrennt, selbst wenn man kaltes Wasser darauf gießt. Ist zum Beispiel jemand wütend auf uns, reagieren wir normalerweise ablehnend. Bleiben wir aber geduldig und können den Schmerz anerkennen, den die andere Person empfindet, entsteht ganz natürlich Mitgefühl, und unser Verständnis wächst. Gäbe es keine unangenehmen Situationen, wie könnten wir dann unseren Geist zähmen und grenzenloses Mitgefühl und grenzenlose Freude entwickeln? Vor diesem Hintergrund verstehen wir, dass weltliches Glück und das Glück eines geduldigen, reifen Geistes ganz verschieden voneinander sind.

Wir leben auf richtige Weise, wenn wir lernen, unser Ziel, anderen Menschen zu helfen, in die Praxis umzusetzen. Kümmern wir uns ausschließlich um uns selbst, ist der Nutzen auf nur eine Person beschränkt. Besteht unsere Absicht aber darin, allen Wesen zu helfen, wird auch unser Leben immer reicher, und je besser uns das gelingt, um so reicher wird es. Auch eine Autobatterie lädt sich zum Beispiel nur auf, wenn das Auto benutzt wird. Steht das Auto nur herum, entlädt sie sich mit der Zeit. Wenn wir also unser Leben ganz ausschöpfen, werden wir stärker und nicht schwächer. Sind wir dagegen nicht in der Lage, den Wert unseres Lebens zu schätzen, dann vergeuden wir unsere Zeit und verpassen eine kostbare Gelegenheit – und diese Zeit und diese Gelegenheit sind für immer verloren.

Anderen zu helfen bedeutet nicht, uns selbst zu vernachlässigen. Wir müssen unseren Körper sorgam behandeln und auf unsere Gesundheit und äußere Erscheinung achten. Fügen wir irgendjemandem Schaden oder Leid zu – und sei es uns selbst -, so ist das lieblos und nicht der richtige Weg. Können wir aber erst einmal gut mit uns umgehen, können wir auch anderen helfen. Dann setzen wir unsere Kraft und unsere Fähigkeiten sinnvoll ein und lassen sie allen Wesen ohne Unterschied zugute kommen. Universelles Mitgefühl und universelle Liebe dieser Art geben unserem Leben Sinn und Bedeutung und führen zur vollen Entfaltung unserer Fähigkeiten.

Es geht darum, uns nicht zu sehr in unsere eigenen Angelegenheiten zu verstricken. Wir genießen weiterhin unser Leben, doch anders als zuvor – wir wissen, wenn wir unseren Neigungen freien Lauf lassen oder uns Schaden zufügen, setzen wir etwas Kostbares herab und betrügen dadurch letztlich alle anderen Wesen. Von Drogen oder Tabak abhängig zu sein oder zu viel Alkohol zu trinken ist langfristig für niemanden gut. Alles, was Leiden verursacht, wird sich irgendwann auch als Leiden manifestieren, selbst wenn es anfänglich nicht so aussieht.

Um den Wert unserer kostbaren menschlichen Existenz richtig verstehen zu können, müssen wir gründlich darüber nachdenken. Eine Schwierigkeit besteht darin, dass wir die Seltenheit menschlicher Existenz leicht unterschätzen. Wir brauchen uns aber nur umzusehen, dann erkennen wir unser großes Glück. Die zahllosen Tiere, Insekten und Fische sind ihrer Umgebung gnadenlos ausgeliefert; sie haben überhaupt keine Möglichkeit, das Leiden, das sie in ihrem gegenwärtigen Leben erfahren, zu überwinden. Aber auch nur wenige Menschen kennen einen spirituellen Weg oder sind bereit, ihm zu folgen. In Tibet gibt es ein Sprichwort; es lautet: »Eine kostbare menschliche Existenz ist so selten wie ein Stern am Tag.« Wenn wir so denken, beginnen wir, unser Leben zu schätzen und die herausragenden Möglichkeiten, die es bietet, zu würdigen und unsere glückliche Lage anzuerkennen.

Wir meinen vielleicht, unser Leben habe im Augenblick nicht viel Sinn und Wert. Doch ungeachtet all unserer Probleme und Leiden, können wir einen wertvollen Beitrag für die Welt leisten, in der wir leben. Wir haben alle etwas zu geben, wir müssen nur lernen, was und wie. Ein Euro, richtig verwendet, kann sehr viel Gutes bewirken, während eine Million, die unklug genutzt wird, unter Umständen nichts als Leiden bringt. Gleichgültig, wie viel wir besitzen, wenn wir es sorgfältig und für einen guten Zweck benutzen, wird das Ergebnis gut sein. Was wir geben können, hängt nicht von äußeren Umständen wie persönlicher Macht, Besitz oder dem Beifall anderer Menschen ab.

Ohne Zweifel kann es uns unglücklich machen, wenn wir unseren körperlichen Erfahrungen und unseren Lebensbedingungen allzuviel Wert beimessen. Für Menschen mit der richtigen Einstellung ist es jedoch unwichtig, ob sie in einem Hochhaus, einem Gefängnis, einem Kloster oder einem Palast leben. Sie haben tiefen, bleibenden Frieden erlangt, und ihr Geist ist voller Gleichmut; sie sind glücklich, wo sie auch sind. Wenn wir ihrem Beispiel folgen und die erleuchtete Geisteshaltung des Mitgefühls in uns wecken und pflegen, können auch wir die so seltene Gelegenheit nutzen, die uns mit unserer wertvollen menschlichen Existenz gegeben wurde.

Unbeständigkeit

Wie Sterne, Nebel und Kerzenflammen,
Wie Luftspiegelungen, Tautropfen und Wasserblasen,
Wie Träume, Blitz und Wolken
Will ich alle zusammengesetzten Erscheinungen betrachten.
Kagyü Wunschgebet

Verstehen wir nicht, dass alles unbeständig ist, so behindern wir unsere Entwicklung, selbst wenn wir eine Ahnung von unseren inneren Fähigkeiten haben. Um uns aber angemessen auf Unbeständigkeit beziehen zu können, müssen wir ihr wahres Wesen erkennen. Dann können wir dieses Wissen auch auf unsere Erfahrungen anwenden.

Zuerst untersuchen wir die äußere Umgebung, alles, was wir durch unsere Sinne wahrnehmen. Beispielsweise unterscheiden sich die vier Jahreszeiten in den Wetterbedingungen, in der Temperatur und den Lichtverhältnissen. Wir ziehen vielleicht den Sommer vor, müssen aber doch den Winter akzeptieren, wenn er kommt. Der Wunsch, das eine möge ewig anhalten, das andere nie beginnen, kann niemals erfüllt werden. Wir sollten lieber versuchen, die Schönheit in den jahreszeitlichen Veränderungen zu entdecken, in der Vielfalt der Blumen und Vögel, in den grünen Blättern, die sich bunt färben und dann zu brauner Erde zerfallen, die weiß wird und dann wieder braun – überall und in allem sehen wir das Wesen der Unbeständigkeit. Wir betrachten es und sehen, dass es wirklich etwas Wunderschönes ist.

Auch in unserem Leben gibt es fortwährend Veränderungen. Mal sind wir arm, dann wieder reich. Am einen Tag verlieren

wir unsere Arbeit, am nächsten finden wir eine neue; heute sind wir Chef und morgen Dienstbote. In der Welt der Politik sind diese Unsicherheiten besonders gut zu sehen. Viele politische Führer verfügen einige Jahre lang über große Macht und werden dann abgewählt, gestürzt oder gar erschossen. Wenn auch die Veränderungen, die unseren eigenen Werdegang beeinflussen, vielleicht nicht ganz so dramatisch sind, so geschehen auch sie.

Auch unser Innenleben und unsere Gefühle entgehen nicht dem Wirken der Unbeständigkeit. Vom Augenblick unseres Erwachens bis zum Schlafengehen bleibt nichts für längere Zeit unverändert. Unsere Stimmungen wechseln, und unablässig kommen und gehen unsere Hoffnungen und Ängste. Häufig lassen wir uns stark von äußeren Umständen beeinflussen; begegnen wir beispielsweise einem Freund nach Jahren zum ersten Mal wieder, werden wir sehr aufgeregt sein. Wenige Augenblicke später kann die Ankunft eines Feindes unsere Gefühle mit einem Mal ins Gegenteil verkehren. Wenn wir uns einen Affen vorstellen, der an den Fenstern eines leeren Hauses auf- und abspringt, bekommen wir eine Vorstellung davon, wie unser Geist beschaffen ist. So ist auch unser Stimmungsbarometer im einen Augenblick oben, im nächsten unten.

Es gibt nichts, das beständig ist. Wir werden geboren, wachsen heran, gehen zur Schule, werden älter, und früher oder später sterben wir. Die uns verbleibende Lebenszeit schrumpft, und es gibt nichts, was wir dagegen tun können. Kommt der Tod, müssen wir all unsere Freunde und Verwandten, müssen Eigentum und Besitz zurücklassen. Versetzt uns das in Angst und bedrückt uns, akzeptieren wir Unbeständigkeit nicht in positiver Weise. Wir sollten stattdessen anerkennen, dass eine solche Veränderung unvermeidlich ist, und beschließen, den

Rest unseres Lebens sinnvoller und mitfühlender zu verbringen. Begreifen wir darüber hinaus, dass die anderen unser Los teilen, können wir liebevoller mit den Menschen umgehen, mit denen wir jetzt leben und arbeiten.

Im Moment neigen wir dazu, unsere freie Zeit mit der Suche nach Vergnügen und der Befriedigung unserer Wünsche zu verbringen. Entweder lassen wir die Schulung unseres Geistes völlig unbeachtet, oder wir schieben sie immer wieder auf. Natürlich müssen wir alle einmal ausruhen – es hat keinen Sinn, ins andere Extrem zu verfallen. Ein tiefes Verstehen der Unbeständigkeit motiviert uns jedoch, unsere Zeit sinnvoller zu verbringen und damit auch auf lange Sicht nutzbringender und erfolgreicher – nicht nur für heute und morgen.

Die wahre Bedeutung der Unbeständigkeit wird oft falsch verstanden. Wir könnten zum Beispiel glauben, unsere Arbeit und unsere Karriere seien ohne Wert, weil sie vergänglich sind, und wir sollten sie aufgeben. Das wäre jedoch ein ganz falsches Verständnis und wir benutzten die Wahrheit als Rechtfertigung für unsere Untätigkeit und als Mittel, uns den Tatsachen zu entziehen. Genauso, als hätten wir schmutzige Wäsche und dächten: »Die werde ich nicht waschen, ich könnte ja morgen sterben.« So entwickeln wir vielleicht unsere Faulheit, aber sicherlich nicht unser Verständnis.

In unserer Zeit empfinden viele junge Menschen ihre Ausbildung als lästig und langweilig. Stoßen sie dann auf die Lehren von der Unbeständigkeit, fühlen sie sich berechtigt, ihr Studium aufzugeben, selbst wenn das vielleicht ihre Eltern und Freunde bestürzt und ihnen Kummer bereitet. Unbeständigkeit bedeutet nicht, dass wir nicht arbeiten oder studieren sollten, sondern einfach nur, dass alles sich ändert.

Wir brauchen nicht in Panik zu geraten oder überzogen zu reagieren, sobald wir etwas über Unbeständigkeit hören. Wir sollten eher versuchen, sie gut zu nutzen, um ein sinnvolles Leben zu führen. Wir können wahrnehmen, wie alles sich verändert, und brauchen trotzdem nicht die Lebensfreude zu verlieren.

So wie wir nicht die ganze Zeit glücklich sein können, werden wir auch nicht immer traurig sein. Das eine verwandelt sich ganz natürlich in das andere. Doch wir können jeden Augenblick so annehmen, wie er ist, unabhängig davon, wie wir uns dabei fühlen. Müssen wir sehr leiden, so empfinden wir zumindest etwas und können versuchen, mit dieser Art von Erfahrung umzugehen.

Wir müssen den Glauben aufgeben, dass alles in uns und außerhalb von uns fest und unveränderlich sei. Wollen wir gedanklich die Dinge immer mehr festlegen, leiden wir unter den unvermeidlich auftretenden Veränderungen. Sind wir zu sehr in Zu- und Abneigungen verstrickt, so klammern wir uns entweder an die Dinge, die wir erleben, oder wir lehnen sie ab. Wir weigern uns, Veränderungen anzunehmen und wehren uns dagegen. Während wir diese bereits verlorenen Kämpfe ausfechten, unterliegen unsere Gefühle einem steten Auf und Ab und kosten uns unsere innere Stabilität. Es ist wesentlich für uns zu erkennen, dass alles sich verändert; so können wir lernen, weniger an dem anzuhaften, was wir tun.

Mit einem ungezähmten Geist werden wir endlos weiter leiden, deshalb sollten wir jetzt, wo wir die Gelegenheit haben, einem spirituellen Weg folgen. Wir haben keine Zeit zu verlieren. Wir wollen vielleicht lieber glauben, dass wir ewig so weitermachen könnten; wenn wir die Lage aber sorgfältig und ehrlich betrachten, sehen wir, dass es morgen schon zu spät sein kann. Auch wir sind Veränderungen unterworfen – wie alles, was es gibt.

Unbeständigkeit durchdringt die ganze äußere Welt und all unsere inneren Erfahrungen. Wir können sie weder verhindern noch ihr ausweichen. Sie geschieht immerzu. Es bleibt uns nur, sie anzuerkennen. Akzeptieren wir sie, können wir genießen, was wir haben, und es zugleich immer mehr loslassen. Wenn wir Unbeständigkeit verstehen, dann lassen wir uns nicht länger durch sinnlose Beschäftigungen ablenken. Und indem wir dieses Verständnis in unserem Alltagsleben anwenden, reift unser Geist.

Die rechte Motivation

Mögen alle Wesen glücklich sein
und nur Ursachen für weiteres Glück schaffen.
Mögen sie alle frei sein von Leid
und keine Ursachen für zukünftiges Leiden schaffen.
Mögen sie wahres inneres Glück erreichen,
das jenseits allen Leidens ist.
Mögen sie allumfassendes, unparteiisches Mitgefühl entwickeln,
frei von Voreingenommenheit für Freunde
und Abneigung gegen andere.
Die Vier Grenzenlosen Kontemplationen

Diese Bitte beschreibt die rechte Haltung des erwachten Geistes. Die Sprache ist uns vielleicht fremd, die tatsächliche Bedeutung ist jedoch ganz einfach zu verstehen. Wir alle tragen den Kern der erleuchteten Geisteshaltung bereits im Herzen. Durch Unwissenheit ist diese wahre Natur jedoch verdunkelt; sie ist verdeckt von Negativität, Mißverstehen und schädlichem Tun. Zwischen unserem gegenwärtigen und dem erwachten Geisteszustand liegt demzufolge ein weiter Weg. Für manche Menschen ist der Weg vielleicht länger als für andere; entscheidend ist, dass es einen Weg gibt, der uns zu einem glücklichen und nützlichen Leben befähigt. Diese Bitte zeigt sowohl die geistige Haltung, die wir anstreben sollten, als auch die Mittel, mit denen wir sie erreichen können.

Die rechte Einstellung besteht in dem Wunsch nach Glück und Wohlergehen für alle; dem Wunsch, dass alle Frieden und die Freiheit von den Ursachen des Leidens erlangen mögen.

Dieses lohnende Ziel ist es, das unser Bemühen inspiriert – dann, wenn uns alles leicht fällt, aber auch dann, wenn unser Leben schwierig ist. Die Bitte weist auf ein sehr tiefgehendes Verständnis hin, doch es ist sinnvoll, das Ziel bereits am Anfang zu formulieren, denn seine Wahrheit und seine Werte gelten auf allen Stufen des Weges.

In der heutigen Zeit wenden sich viele Menschen der Meditation mit einer falschen Einstellung zu. Sie möchten sie für ihre eigenen Zwecke benutzen, ohne an andere zu denken. Geht es uns aber um Hellsehen, Astralreisen, übernatürliche Kräfte und Ähnliches, nährt und stärkt das lediglich unser Ego*; unser Verständnis wird dadurch nicht tiefer. Unsere Aufgabe ist es nicht, aufregenden Erfahrungen hinterherzujagen, sondern zu lernen, mit unserem Geist umzugehen und anderen zu helfen. Treten solche Erlebnisse auf, sind sie ohne Bedeutung, und wir sollten ihnen keine besondere Beachtung schenken.

Eine weitere irrige Ansicht ist, wenn wir den Weg der Meditation als Mittel oder Rechtfertigung betrachten, uns von der Gesellschaft abzugrenzen. Das ist eine negative Haltung; sie ist weder sinnvoll noch dient sie dem Wohl aller. Benutzen wir die Meditationspraxis dazu, eine negative Einstellung zur Gesellschaft zu pflegen und zu bestätigen, dann ist unsere Grundeinstellung völlig falsch.

Wären wir vollkommen glücklich und frei von Leiden, brauchten wir den Weg nicht. Tatsächlich sind wir jedoch

---

* Im englischen Originaltext wird durchgängig das Wort »ego« verwendet. Die deutsche Übersetzung versucht, jeweils den unterschiedlichen Bedeutungen des Gemeinten gerecht zu werden: »Ego«, wenn es wie hier um Selbstbezogenheit und Egoismus geht, aber »Ich«, wenn es neutraler, im Sinne der Ausgangsbasis der Person gemeint ist. Siehe dazu S. 120. (U. K.)

genauso unwissend wie die anderen, und wir alle erleben tagtäglich das Leiden, das aus der Unwissenheit entspringt. Ganz offensichtlich brauchen wir einen Weg, und wenn wir diese Notwendigkeit erkennen, inspiriert uns das, diesen Weg zu gehen, zu unserem Wohle wie auch dem der anderen.

Ohne eine gewisse Motivation oder einen Antrieb brächten wir höchstwahrscheinlich nicht die notwendige Energie auf, um unser Ziel zu erreichen. Ist uns beispielsweise kalt und wir möchten, dass uns warm wird, so bewegt uns das dazu, aufzustehen und ein Feuer anzuzünden. Wäre uns bereits warm genug, würden wir uns gar nicht darum kümmern. Wollen wir eine gute Arbeit finden, sind wir bereit, uns einer langen Ausbildung zu unterziehen, und wir nehmen beträchtliche Mühen auf uns, um eine Stelle zu bekommen. Bei all unseren Handlungen steht die Motivation am Anfang, dann folgt die Absicht und eine gewisse Anstrengung. Das gleiche gilt auch für die Meditation.

Gäbe es weder Zweck noch Ziel, warum sollten wir dann all die harte Arbeit auf uns nehmen, die damit verbunden sein könnte? Da unser höchstes Ziel darin besteht, allen Wesen zu helfen, müssen wir unser Bemühen darauf richten, diesen Wunsch in die Tat umzusetzen. Während wir meditieren, während wir unseren Alltag leben, sind wir stets um die rechte Haltung bemüht und lassen uns von ihr leiten.

Auf unserer jetzigen Entwicklungsstufe nimmt uns ein solch hohes Ideal vielleicht allen Mut und wir denken: »Was hat es für einen Sinn, wenn jemand wie ich versucht, den Geist zu schulen? Ich bin so voller Hass und Verlangen, es hat keinen Zweck, wenn ich mich zu ändern versuche.« Doch das sind genau die Gründe, warum es solch großer Anstrengungen bedarf. Sehen wir die Dinge positiv, so sind wir anderen gegenüber vollkommen offen; dient alles, was wir tun, dem Wohle anderer, dann sind wir schon voller Mitgefühl. Diese Qualitäten sind das ABC des spirituellen Weges: Können wir schon lesen, braucht man uns das Alphabet nicht mehr zu lehren; fehlt uns aber die rechte Motivation, so muss sie in uns geweckt werden.

Existieren also der Gedanke und der Wunsch, anderen zu helfen, nicht bereits in uns, müssen wir damit beginnen, auch wenn uns das anfangs etwas künstlich und gezwungen scheint. Ohne die Absicht, allen Gutes zu tun, können wir kein Mitgefühl entwickeln. Kinder müssen ja auch das Alphabet lernen, damit sie später lesen können. Rechte Motivation meint genau diese Einstellung: allen Wesen helfen zu wollen.

Im Augenblick wollen wir vielleicht einzig und allein frei von unserem eigenen Leiden sein. Das ist ein ganz natürlicher Wunsch, und vielleicht können wir ein solches Freisein für eine kurze Zeit genießen, sogar ohne Meditation. Doch wir wollen mehr. Unser Ziel sind echte Herzensgüte und Mitgefühl für alle Wesen, statt immer nur an unsere eigenen Wünsche, unsere Bequemlichkeit und unsere Zufriedenheit zu denken und das Wohlergehen anderer außer acht zu lassen. Wir machen Fortschritte, wenn wir in uns und anderen die positiven Eigenschaften, die schon vorhanden sind, erkennen und zur Reife bringen, wann und wo immer wir können. Wie kann das erreicht werden? Zuallererst sollten wir nicht versuchen zu rennen, bevor wir gehen können; wir müssen lernen, Schritt für Schritt voranzugehen. Zuerst entwickeln wir die rechte Haltung uns selbst, dann unseren Freunden und unserer Familie gegenüber und schließlich beziehen wir alle darin ein.

Es ist sehr wichtig zu erkennen, dass der Weg bei uns selbst beginnt. Wir müssen lernen, auf unseren eigenen Füßen zu stehen und anderen nicht zur Last zu fallen. Wir geben anderen Raum und hören auf, zu ihren Problemen beizutragen. Versuchen wir, jemandem tatkräftig zu helfen, ohne uns selbst zu verstehen, können wir mehr Schaden anrichten als Gutes tun. Das ist Mitgefühl ohne Weisheit. Versuchen wir beispielsweise, einen Ertrinkenden zu retten, ohne selbst schwimmen zu können, ertrinken am Ende vermutlich beide. Wir selbst müssen zuerst schwimmen lernen. Anderen können wir erst dann wirklich helfen, wenn wir unseren eigenen Geist gezähmt haben und mit Glück und Leid gut umgehen können.

Wichtig ist aber auch unser gesunder Menschenverstand. Es ist zwar sehr lobenswert, anderen helfen zu wollen, doch wir sollten nicht umhergehen und anderen unsere Hilfe aufdrängen. Wir brauchen allerdings auch nicht zu warten, bis wir »vollkommen« sind, bevor wir uns nützlich erweisen können. Es ist eine Frage des Gleichgewichts, eine Frage, wie wir unsere Energie weise einsetzen. Wir sollten unseren derzeit unerleuchteten Geisteszustand nicht zum Vorwand nehmen, überhaupt nichts zu tun; wir müssen allerdings vorsichtig sein. Handeln wir so bewusst und achtsam wie möglich, wird das einen gewissen Nutzen haben, auch wenn wir noch nicht hundertprozentig rein handeln können. Sind wir vollkommen gereinigt, so wird alles, was wir tun, zum Wohl anderer sein. Doch auch jetzt können wir schon ein wenig Hilfe leisten. Wie begrenzt unsere Fähigkeiten auch immer sein mögen, solange wir nach besten Kräften helfen, werden wir unser Verständnis vertiefen und die rechte geistige Haltung entwickeln, die zu vollkommenem Mitgefühl führt.

Zuerst entwickeln wir Mitgefühl für uns selbst und dehnen es dann auf andere aus. Vielleicht halten wir das für unnötig, da wir uns für sehr liebevoll und freundlich halten. Es gibt zwar oft tiefe und enge Bindungen zwischen Mann und Frau, Bruder und Schwester, zwischen Freunden und Freundinnen; wahre Herzensgüte ist jedoch eine Liebe, die alle umfasst. In unserer Gesellschaft lieben wir unsere Freunde, Freundinnen und Geliebten, ja sogar unser Eigentum; doch diese Art von Liebe ist oft eng und begrenzt. Es ist nichts falsch daran, wenn wir enge Freunde und Verwandte lieben. Darin kann auch sehr viel Gutes liegen, denn Freundlichkeit muss ja irgendwo beginnen. Begrenzen wir unsere Liebe jedoch einzig und allein auf diese Menschen, engen wir uns nur ein. Bindungen dieser Art wirken immer auf zweierlei Weise: als Fessel und als Trost.

Wir versuchen daher, unser Mitgefühl nicht auf eine bestimmte Gruppe oder Kategorie von Menschen auf Kosten anderer zu begrenzen. Vermutlich empfinden wir relativ leicht Sympathie für die Armen und Hungrigen, während es uns möglicherweise schwerfällt, Mitgefühl für die Menschen zu haben, die wohlhabend und gut genährt sind. Diese Menschen leiden eher seelisch – sie sorgen sich um Reichtum und Besitz oder um Entscheidungen, die sie treffen müssen –, ihr Leid ist deshalb aber nicht weniger drängend. Die Probleme armer Menschen sind nur andere – das ist alles; so haben sie zum Beispiel das Problem, nicht genug zu essen zu bekommen. Wir müssen lernen, unser Mitgefühl auf alle Menschen zu richten: auf die Armen und Reichen, die Schwarzen und Weißen, auf alle.

Entwickeln wir uns in diese Richtung, werden wir glücklicher und ausgeglichener. Da wir uns alle gegenseitig beeinflussen, wird dieses umfassende, weite Mitgefühl allen zugute kommen, die um uns sind. Je reifer wir sind und je mehr Kraft wir haben, desto weniger sind wir abhängig von der Unterstützung und dem Trost anderer. Wir müssen uns allerdings sehr davor hüten, eingebildet und stolz zu werden.

Wir meinen vielleicht, dass wir als Menschen, die einem spirituellen Weg folgen, etwas ganz Besonderes und anderen überlegen seien. Es geht jedoch darum, anderen zu dienen, und nicht darum, uns von ihnen bedienen zu lassen. Wenn wir tatsächlich Mitgefühl entwickeln wollen, können wir uns nicht auf die faule Haut legen und darauf warten, dass andere Leute unsere Bedürfnisse erfüllen, wie es die Bediensteten königlicher Hoheiten tun. Diese Art Hochmut ist ein großes Hindernis für die Praxis. Wir sollten auch nicht auf die, die leiden, mit dem Gefühl herabschauen, dass etwas mit ihnen nicht stimme oder dass sie uns irgendwie unterlegen seien. Bescheidenheit ist sehr wichtig und der eigentliche Kern wahren Mitgefühls. Wir sollten auch bereit sein, etwas von uns zu geben und zum Wohl der Allgemeinheit Opfer zu bringen.

Echte Fortschritte machen wir, wenn wir uns auf eine sanfte und freundliche Art entwickeln, jede Person entsprechend ihren Fähigkeiten. Wenn wir unser Bestes geben, wissen wir, dass wir unser Potential nicht vergeuden. Als Menschen machen wir natürlich Fehler; es hat keinen Sinn, wenn wir deshalb neurotisch werden oder uns selbst bestrafen. Wir können Fehler bedauern, doch darf dieses Bedauern unserer Entwicklung nicht im Weg stehen. Wir können unsere Entschlossenheit mit dem Gedanken stärken: »Wenn eine Brücke über einem Fluss zusammengebrochen ist, kann man eine neue Brücke bauen. Es hat keinen Zweck, herumzustehen und ihr nachzuweinen.«

Wenn wir morgens aufwachen, nehmen wir uns vor, dass alles, was wir denken, tun oder sagen, dem Wohl anderer dienen soll. Vergessen wir unser Mitgefühl, verlieren wir etwas sehr Kostbares. Ohne Mitgefühl bleibt uns der wahre Weg verschlossen. Körperkraft und Vitalität können wir vielleicht einen Tag, ein Jahr oder bestenfalls ein oder zwei Jahrzehnte lang bewahren, die rechte geistige Einstellung aber verbannt alle Müdigkeit und Hoffnungslosigkeit für immer; sie versetzt uns in die Lage, das ganze Leben hindurch anderen helfen zu können. Solange wir noch niemandem begegnet sind, der oder die diese Fähigkeit verkörpert, ist das schwer zu glauben, doch dieses Potential existiert tatsächlich in uns allen.

Wir können die rechte Motivation mit einem Samenkorn vergleichen; wir müssen es allerdings immer wieder neu einpflanzen. Säen wir es zum ersten Mal aus, scheint es vielleicht noch so, als würden wir uns und andere betrügen, denn aufgrund unserer Anhaftungen und Abneigungen halten wir uns für unfähig, überhaupt jemandem zu helfen. Vielleicht sind unsere guten Absichten in diesem Stadium noch bloße Worte, doch tun sie niemandem etwas zuleide. Ist uns diese Einstellung später dann nicht mehr fremd, erwächst daraus echte Liebe für andere. Entwickeln wir immer wieder die rechte Motivation, wird sie mit der Zeit zu einem festen Bestandteil unseres Lebens; sie ist dann nicht mehr von uns zu trennen. Unser Mitgefühl ist dann mühelos, beständig und wirksam – wir sind einfach so.

Sich der Situation stellen

Schwelge nicht in Selbstmitleid!
Atisha, Schulung des Geistes in Sieben Punkten

Zwischen unserer ersten Begegnung mit Lehren über die reine Natur unseres Geistes und dem Erlangen von Weisheit und Mitgefühl liegt eine lange und oft beschwerliche Reise. Entscheiden wir uns tatsächlich für diese Reise, müssen wir uns klar darüber sein, wie wir reisen wollen. Wollen wir von Frankfurt nach Berlin fahren, kommen wir dort nie an, wenn wir nur darüber nachdenken; wir müssen auch in ein Fahrzeug einsteigen und losfahren, ob wir nun ein Auto, einen Zug oder ein Flugzeug nehmen. Die Reise wegen möglicher Schwierigkeiten gar nicht anzutreten wird uns auch nicht befriedigen und uns auch nicht zu unserem Ziel bringen. Wir müssen uns einen Ausgangspunkt, ein Fahrzeug und einen Weg suchen und dann losfahren.

Auf unserer Reise von Frankfurt nach Berlin wenden wir uns zunächst zum Hauptbahnhof, zur Autobahn oder zum Flughafen. Ist es unser Ziel, ein glückliches, nützliches Leben zum Wohle aller Wesen zu führen, dann sind unsere gewöhnlichen Alltagsituationen der Ausgangspunkt. Sie sind das Rohmaterial für unsere Arbeit, und uns allen, ob gebildet oder nicht, ermöglichen sie, Erfahrungen zu machen und Verständnis zu entwickeln. Aber zunächst müssen wir unsere Gewohnheit überwinden, die Probleme zu übersehen oder ihnen auszuweichen, die mit unserer Umgebung, unseren Mitmenschen und mit der Unzufriedenheit und dem Leiden in uns verbunden sind.

Sind wir uns selbst gegenüber ehrlich, erkennen wir, dass wir alle Anfängerinnen oder Anfänger sind im geschickten Umgang mit unseren Lebensproblemen. Wir fühlen uns vielleicht von aufregenden Meditationen angezogen, wir wollen schweben oder fliegen lernen; es ist jedoch sehr viel sinnvoller, wenn wir zuerst einmal lernen, mit den Füßen auf dem Boden zu bleiben. Vielleicht halten wir uns auch schon für sehr weit fortgeschritten und meinen, keine Belehrungen mehr zu brauchen, obwohl wir unbewusst immer wieder die gleichen Leiden für uns und andere schaffen. In diesem Buch geht es vor allem darum, wie wir lernen können, die gewöhnlichen Situationen unseres täglichen Lebens zu akzeptieren und angemessen mit ihnen umzugehen. Gestehen wir uns nicht ein, solche Anleitungen zu brauchen, ist es eher unwahrscheinlich, dass wir irgendwelche echten Fortschritte machen.

Haben wir erst einmal erkannt, dass ein Weg notwendig ist, müssen wir ihn auch gehen. In einer Traumwelt wie Shangri-la können wir uns einfach hinsetzen, mit einer Zigarette in der einen und einem guten Glas Wein in der anderen Hand, einem oder einer bildschönen Geliebten an jeder Seite und trotzdem Erleuchtung erreichen. In der realen Welt funktioniert das jedoch nicht; wir müssen etwas Mühe aufwenden. Auch noch so viel Wunschdenken kann uns nicht vor tiefem Leid bewahren, wenn wir uns nicht mit den grundlegenden Situationen unseres gegenwärtigen Lebens befassen und wenn wir die Zähmung unseres Geistes vernachlässigen.

Zunächst müssen wir unseren Geist zähmen und damit ein solides Fundament für unsere weitere Entwicklung legen. Das ist sehr wichtig. Dabei sollten wir immer bedenken: Diese menschliche Existenz ist eine große Chance; alles ist vergänglich; gute Taten führen zu Glück, während schlechte, unbedachte Taten nur Leiden verursachen. Vor allem sollten wir niemals das Ziel der Zähmung unseres Geistes vergessen – die Entwicklung von Mitgefühl zum Wohl aller Wesen.

Von diesem festen Fundament aus können wir uns dann Schritt für Schritt weiterentwickeln. Ohne dieses Fundament kann unsere Entwicklung leicht aufgehalten werden, und wir kommen vielleicht sogar ganz vom wahren Weg ab. Lassen wir also unseren Stolz beiseite und akzeptieren die Ebene, auf der wir uns gerade befinden. Gleichgültig, wie intelligent oder erfolgreich wir im weltlichen Sinne sind; solange wir befürchten, unseren Wohlstand, geliebte Menschen oder unseren Besitz zu verlieren – ganz zu schweigen von unserem Leben –, so lange leiden wir noch und müssen unseren Geist zähmen. Für uns alle gilt: Der einzige Punkt, an dem wir beginnen können, ist der Anfang.

Wenn wir einen Rohdiamanten finden und wissen, wie man ihn schleift, können wir ein wunderschönes Schmuckstück anfertigen und uns damit schmücken. Wissen wir jedoch nicht, wie man ihn richtig schleift, zerbrechen wir ihn vielleicht und machen ihn wertlos. Die Übungen und Meditationen in diesem Buch stellen uns die Mittel zur Verfügung, mit denen wir unseren Geist wandeln und zur Reife bringen können. Benutzen wir sie geschickt und mit Sorgfalt, kann unser Geist so klar und rein werden wie ein geschliffener und polierter Diamant.

Wir müssen versuchen, mit Situationen, in denen es um uns und andere geht, entspannt und unkompliziert umzugehen. Das mag nicht besonders aufregend sein, vielleicht ist es sogar ziemlich langweilig. Wir wollen Situationen so akzeptieren, wie sie sind, und im Grunde sind die meisten von ihnen sehr gewöhnlich. Jeden Tag gibt es Glück und Unglück; es geschehen angenehme und unangenehme Dinge. Manchmal sind unsere Erfahrungen bitter und süß zugleich, dann wieder mögen sie uns unwichtig und mittelmäßig erscheinen. Wesentlich ist: Sie sind unsere Erfahrungen, und ihnen müssen wir uns stellen.

Probleme entstehen nicht nur aus negativen Anlässen. Es kann uns beispielsweise finanziell sehr gut gehen und trotzdem leiden wir unter der Angst, zu verlieren, was wir haben, oder unter der Ratlosigkeit, was wir mit unserem Reichtum anfangen sollen. Wie immer unsere Bedingungen auch sind, wir müssen sie verstehen und mit ihnen fertig werden. Einige müssen wir akzeptieren, so oder so; an anderen müssen wir arbeiten und sie verbessern. Andere Menschen können uns ermutigen und unterstützen; wenn wir jedoch unser Leben in Ordnung bringen wollen, müssen wir das selbst tun.

Viele von uns können schmerzhaften Situationen geschickt aus dem Weg gehen, und wir haben alle unsere jeweiligen Lieblingsmethoden. Wir wechseln den Beruf oder die Wohnung, finden einen neuen Liebhaber oder eine neue Geliebte, gehen zum Arzt oder umgeben uns mit Freunden. Wir hängen Tagträumen nach, sehen fern, nehmen Drogen und essen oder trinken übermäßig. Hilft das alles nichts, können wir vielleicht nicht mehr gut schlafen oder richtig denken und sind so verzweifelt, dass wir krank werden. Wir mögen versucht sein, uns das Leben zu nehmen, obwohl das genauso schlimm wäre, wie einen anderen Menschen umzubringen. Selbstmitleid kann zu allen möglichen Problemen führen, ohne auch nur ein einziges zu lösen. Wir sehen: Es gibt offensichtlich viele verschiedene Möglichkeiten, unseren Vorsatz, Mitgefühl für uns und andere zu entwickeln, zu vergessen.

Wenn wir Situationen vermeiden oder vor ihnen davonlaufen, verdrängen wir nur unsere Probleme und tun nichts, um sie zu lösen. Tun wir einfach nur, was uns gefällt, und weichen dem aus, was uns nicht gefällt, nehmen unsere Schwierigkeiten lediglich zu und wiederholen sich unaufhörlich. Unterdessen schaden wir unserer Gesundheit und unserem Geist und nehmen alle möglichen schlechten Gewohnheiten an, die immer schwerer zu durchbrechen sind. Geben wir unserer Schwäche nach, werden wir nur schwächer und können uns auf lange Sicht immer weniger vom Leiden befreien. Ein Bauer verwendet vielleicht viele Tonnen Dünger, damit er für ein paar Jahre eine gute Ernte hat; später stellt er fest, dass er den Boden ausgelaugt und vergiftet hat. Wir sollten mit etwas mehr Weisheit handeln, nicht so sehr an kurzfristig wirksame Heilmittel denken, sondern nach langfristigen Lösungen suchen, die uns helfen, die Ursachen des Leidens hinter uns zu lassen.

Das bedeutet nicht, dass wir mit unangenehmen Situationen rigide und unflexibel umgehen sollten. Die Dinge zu ernst nehmen kann genauso schädlich sein, wie völlig leichtfertig zu leben. Im ersten Fall verlieren wir unseren Sinn für Humor und neigen dazu, das Leben als Kampf zu betrachten; im zweiten Fall riskieren wir es, vollkommen in einer Phantasiewelt zu leben. In beiden Fällen verlieren wir den Bezug zu unserem täglichen Leben und unseren echten Gefühlen. Das geschieht auch, wenn uns negative Emotionen wie Wut oder Neid überwältigen oder wenn unser Blick auf Vergangenheit oder Zukunft eingeengt ist. Wir müssen uns davor hüten, die Welt, wie sie jetzt gerade ist, die Welt, in der wir leben, aus dem Blick zu verlieren.

Bislang haben wir uns damit befasst, was geschieht, wenn wir versuchen, vor unseren Problemen davonzulaufen. Schulen wir unseren Geist, können wir lernen, uns dem, was wir gegenwärtig als schmerzhaft oder quälend empfinden, zu stellen und vernünftig damit umzugehen. Schon die bloße Konfrontation mit solchen Situationen befreit uns von der Anstrengung des Davonlaufens! Vielleicht sind wir dann sogar überrascht, dass das, was uns solche Sorgen bereitet hat, in Wirklichkeit gar nicht so überwältigend, schlimm oder wichtig ist, wie wir es uns vorgestellt haben.

Sind wir erst einmal bereit, die Dinge so zu akzeptieren, wie sie sind, können wir selbst die allerschwierigsten Aspekte unseres Lebens umwandeln. Alles, was wir dazu brauchen, sind die richtigen Mittel und der Wille, diese Umwandlung zu erreichen. Verlieren wir aber den Mut oder schieben alles auf, wird das, was jetzt schon schlecht ist, wahrscheinlich nur noch schlechter. Wir müssen daher unsere Erfahrungen und Verpflichtungen so nehmen, wie sie sind, seien sie nun schwierig, leicht oder einfach nur ganz durchschnittlich. Auf keinen Fall sollten wir uns gefühlsmäßig zu stark beeinflussen lassen von unserer Wahrnehmung der Umstände und den damit verbundenen Wertmaßstäben.

Unglücklicherweise bereitet uns unser Leben in einem modernen, zivilisierten Land nur schlecht darauf vor, die Dinge so zu akzeptieren, wie sie sind. Unsere Gesellschaft geht völlig anders an unangenehme oder unvollkommen erscheinende Situationen heran. Wir erfinden beispielsweise komplizierte Maschinen, damit bestimmte Arbeiten weniger stumpfsinnig sind. Dadurch werden jedoch viele Menschen überflüssig, und sie langweilen sich am Ende noch mehr als zuvor. Wir machen ganze Siedlungen dem Erdboden gleich und bauen Wohnblocks, um den Lebensstandard zu verbessern, und am Ende stellen wir fest, dass niemand darin leben will. Die Menschen, die dort leben müssen, fühlen sich isoliert und elend. Ständig versuchen wir, mehr zu produzieren und alles zu verbessern, ohne uns über die Konsequenzen im Klaren zu sein oder zu wissen, wann wir aufhören sollten.

Statt all unsere Kraft in die vergeblichen Versuche zu stecken, das Leben zu vervollkommnen, sollten wir etwas von dieser Energie dafür verwenden, Toleranz zu entwickeln und die Dinge so wertzuschätzen, wie sie sind. Daraus entsteht innerer Friede, der tiefe und dauerhafte Freude bringt. Die Freude, die uns andere Menschen, weltliche Belange oder Objekte schenken, dauert mit Sicherheit nicht an. Wir haben die Wahl: Entweder lassen wir zu, dass uns der Hauch der Veränderung wie eine Feder umherweht und wir ständig nur auf das reagieren, was auf uns zukommt, oder wir arbeiten auf eine gewisse Stabilität in uns hin, die unabhängig ist von Glück und Zufall, von Lob und Tadel.

Wenn wir richtig wählen, können echtes Verständnis und wahrer Gleichmut langsam in uns heimisch werden und beständig wachsen. Mit der Zeit können wir all unsere Erfahrungen umwandeln und uns auf ihre positiven Seiten beziehen, und wir lassen uns nicht mehr von dem beeinflussen, was wir als negativ wahrnehmen. Sind wir einmal soweit, sind wir sogar unhöflichen, unfreundlichen oder unehrlichen Menschen dankbar, denn wir haben gelernt, ihre Missgunst für die Entwicklung unserer Geduld und unseres Mitgefühls zu nutzen. Es ist nicht Sinn der Sache, umherzugehen und nach Problemen Ausschau zu halten; wenn aber Schwierigkeiten auftauchen, können wir damit leben und sie zu unserem Vorteil nutzen, ohne in Traurigkeit und Verzweiflung zu verfallen.

Eine solche Einstellung zu entwickeln ist natürlich leichter gesagt als getan. Tatsächlich müssen wir einiges dafür tun. In der westlichen Tradition haben wir uns sehr daran gewöhnt zu glauben, Stärke und Glück kämen von außen, so dass wir in unserem Innern nicht mehr danach suchen. Wir müssen bereit sein, etwas Neues zu wagen. Wir brauchen jetzt einen Spiegel, damit wir erkennen können, wie wir in diesem Augenblick sind. Dann können wir das, was in uns ist, reinigen und verwandeln, und die Kraft und das Vertrauen erwecken, die in uns schlummern.

Der Spiegel

Samsara ist die Neigung, Fehler an anderen zu entdecken.
Naropa

Wir haben gehört, dass wir am falschen Ort suchen, wenn wir das Glück außerhalb von uns finden wollen. Auch wenn wir die unterschiedlichsten Erfahrungen sammeln und viele verschiedene Länder bereisen, sehen wir doch immer noch alles mit denselben Augen. Unser Denken und Fühlen färbt unsere Auffassung von der Welt, in der wir leben.

Versuchen wir, die Welt zu verändern und sie unseren Erwartungen und Vorlieben anzupassen, so ist das notwendigerweise zum Scheitern verurteilt. Regnet es, scheint die Sonne auch dann nicht, wenn wir es uns noch so sehr wünschen; wir können uns allerdings mit dem Teil in uns befassen, den der Regen stört. Wir brauchen dazu keine neue Persönlichkeit – wir haben bereits eine. Bildlich gesprochen brauchen wir einen Spiegel, der uns genau zeigt, wer wir sind und an welchen Aspekten unseres Selbst wir arbeiten müssen.

Bis heute haben wir uns eine ganze Sammlung von Masken zugelegt, verschiedene Masken für verschiedene Situationen. Aber wir haben noch nie unser wahres Gesicht untersucht, denn in gewisser Weise sind wir ihm zu nah, um es klar zu erkennen. Wir schauen lieber andere Menschen an, und wenn wir ein schönes Gesicht sehen, hoffen wir genauso auszusehen.

Manchmal jedoch rutscht uns die Maske herunter, oder wir vergessen, sie aufzusetzen, und dann können wir einen flüchtigen Blick darauf werfen, wie wir wirklich sind. Für gewöhnlich

ist das so schmerzhaft, dass wir es einfach nicht aushalten, und wir müssen diese Wirklichkeit schnell wieder verdecken. Wir haben uns so daran gewöhnt, alles ständig zu verändern, dass wir nicht einmal uns selbst so annehmen können, wie wir sind. Unterdessen verfault unser wahres Gesicht unter der Maske: Es mangelt ihm an Licht und Luft, und gründlich gereinigt haben wir es auch nie.

Oberflächlich gesehen sind wir vielleicht ein sehr guter Mensch; wir müssen aber die Person unter der Maske reinigen. Ist unser Geist rein, können wir anderen tatsächlich von Nutzen sein. Geben wir jedoch nur vor, gut zu sein, während wir innerlich weiter faulen, hilft das weder uns noch anderen.

Hinter der Maske verbirgt sich unser Selbst; das gilt es zu verstehen, mit ihm müssen wir arbeiten. Wir alle sprechen von »Ich«, doch wissen wir nicht wirklich, wer wir sind. Verschenken wir einmal ein Stück Brot, finden wir uns schon ungemein gut und hilfreich und erinnern uns noch lange an diese gute Tat. Tun wir allerdings etwas Selbstsüchtiges oder Schlechtes, versuchen wir, es sofort wieder zu vergessen. Um uns selbst zu beruhigen, machen wir uns gewöhnlich ein falsches Bild von uns. Diese Form von Selbsttäuschung ist sehr schwer zu durchschauen – das ist der Grund, warum wir einen Spiegel brauchen.

Jamgon Kongtrul Lodro Thaye Rinpoche, ein großer berühmter Lehrer in Tibet, drückte das Problem einmal so aus: »Wenn ich mir die Dharma-Praktizierenden anschaue, sehe ich Menschen in feinen Kleidern, sie reden schön und sitzen wie die Buddhas; schaue ich jedoch in ihren Geist, sind sie wie Schlangen voller Gift. Stoßen sie auf Hindernisse oder treten Schwierigkeiten auf, zeigen sie ihr wahres Gesicht. Eine Schlange sieht zwar sanft und glatt aus, sie beißt aber; genauso schlagen diese Menschen um sich, wenn jemand sie irgendwie bedroht.«

Das bedeutet nun nicht, dass eine Schlange an sich schlecht ist; sie hat das Potenzial, gut oder schlecht zu sein. Aus Angst und Unwissenheit tötet sie jedoch, wenn sie sich bedroht fühlt. Auch das Schlechte, das wir in uns sehen, ist aus Unwissenheit entstanden; diese Unwissenheit können und müssen wir in Weisheit verwandeln. Fangen wir an, unseren Geist nach innen zu richten, und reinigen wir das, was wir dort vorfinden, sind wir auf dem richtigen Weg, und es wird uns zunehmend leichter fallen, mit allen äußeren Situationen sinnvoll und positiv umzugehen.

Wir müssen allerdings dem, was wir in diesem Spiegel sehen, mit einer ausgewogenen Haltung gegenübertreten. Es ist gleichermaßen schädlich und fruchtlos, nur die schlechten oder nur die guten Seiten zu sehen. Befassen wir uns nur mit den negativen Aspekten unserer Persönlichkeit, verfallen wir möglicherweise in tiefe Depressionen und Hoffnungslosigkeit. Wir können uns in dem Spiegel einfach genau betrachten und brauchen nichts zu verurteilen und schon gar nicht das ganze Bild zu zerschmettern. Ignorieren oder unterdrücken wir andererseits unsere negativen Seiten, werden sie dadurch nur stärker; es baut sich ein innerer Druck auf, der eines Tages zur Explosion führt.

Viele von uns empören sich über Atomwaffen; in gewissem Sinne findet jedoch in unserem Geist ständig eine Art Kernreaktion statt. Jeden Tag entwickelt unser Ego Stolz, Neid, Wut, Verlangen und Hass und verbreitet dadurch überall Angst und Spannungen, die uns und anderen schaden. Will man Atomwaffen unschädlich machen, kann man sie nicht einfach vergraben und wegwünschen. Das Gleiche gilt für die zerstörerischen

Kräfte in unserem Innern: Wollen wir sie neutralisieren, müssen wir sie vorsichtig und geschickt entschärfen und unbrauchbar machen, und zwar mit Mitgefühl und Verständnis. Wir müssen an diese schwierige Aufgabe mit Geduld, Ruhe und Abstand herangehen.

Ein Blick in den »Spiegel« kann uns viel lehren und uns auf unserem Weg zugute kommen; die Übung muss allerdings Bestandteil unserer allgemeinen Erfahrung werden, sie darf nicht getrennt davon bleiben. Integrieren wir unser Verständnis und Mitgefühl nicht, setzen wir lediglich eine andere Maske auf.

Wenn wir – als ganz gewöhnliche Männer und Frauen – lernen wollen, uns zu verteidigen, hat das nur Sinn, wenn wir es als Männer und Frauen tun, statt uns für Elefanten zu halten und Selbstverteidigung für Elefanten zu lernen. Es schadet niemandem, wenn wir uns als Elefanten ausgeben, doch wenn unsere Vorstellungen keinen Bezug zu dem haben, was wirklich geschieht, verschwenden wir nur unsere Zeit. Worüber wir nachdenken und was wir visualisieren, muss im Alltag angewendet werden. Es hilft beispielsweise überhaupt nichts, eine Stunde über die Überwindung von Eifersucht zu meditieren und sich dann, kaum ist die Sitzung beendet, in eine Auseinandersetzung über Eifersucht hineinziehen zu lassen. Unsere Gedanken und Überlegungen müssen in unserem täglichen Leben Anwendung finden, in den ganz gewöhnlichen Situationen, die unser Leben ausmachen.

Wir können die verschiedensten Lehren mit der besten Motivation der Welt studieren und sammeln, beziehen wir sie aber nicht auf unsere besonderen Umstände und wenden sie an, nützt das nicht viel. Eine richtige Ausbildung und intellektuelle Fähigkeiten können ein wenig dazu beitragen, Alltagssituationen zu verstehen und mit ihnen umzugehen; eine offene, akzeptierende Einstellung aber ist sehr viel wichtiger. In Tibet war es nichts Ungewöhnliches, dass Menschen Erleuchtung erreichten, die nicht einmal lesen oder schreiben konnten.

Wir haben alle das Potenzial für Verständnis und Mitgefühl. Entwickeln wir jedoch dieses Rohmaterial nicht weiter und nutzen es, könnte beides genausogut gar nicht existieren. Ein reicher Mann, der nicht weiß, was er mit seinem Geld anfangen soll, leidet mehr als cin armer Mann, der jeden Pfennig für etwas Sinnvolles ausgibt. Besitzt jemand ein Auto und hundert Batterien, achtet aber nicht darauf, dass die Batterien aufgeladen sind, springt sein Wagen trotzdem nicht an.

Wir müssen also achtsam sein und aus dem, was wir haben, das Beste machen. Es reicht nicht, um ein Gefühl, beispielsweise Neid, einfach nur zu wissen. Wenn wir es zähmen und verwandeln wollen, müssen wir geschickt vorgehen und etwas Mühe aufwenden. Dadurch wachsen unser Vertrauen und unsere Kraft, und wir fühlen uns nicht mehr arm und hilflos, sondern reich und voller Selbstachtung. Benutzen wir den Spiegel über längere Zeit, werden wir Verbesserungen erkennen können; sie bestätigen uns, dass wir spirituelle Fortschritte machen, und der Schmerz, den wir anfangs empfanden, verringert sich und verschwindet allmählich.

Nach und nach, Schritt für Schritt, können wir die inneren Gifte und die negativen Geisteszustände, die diese Welt zu einem so schwierigen Ort machen, erkennen und neutralisieren. Niemand kann die äußere Welt völlig beherrschen; wir können allerdings Gefühle wie Ärger, Stolz, Verlangen, Hass und Eifersucht, die uns mit der Welt hadern lassen, in unserem Innern besiegen. An diesem Punkt wird das Gefühl schwinden, dass wir mit äußeren Situationen im Konflikt stehen. Wir können mit uns und der Welt Freundschaft schließen und allen helfen, mit denen wir sie teilen. Alles und alle werden hilfreich sein für uns und wir für sie.

Einstweilen sollten wir uns davor hüten, uns zwanghaft mit uns und unseren Problemen zu beschäftigen. Behalten wir die rechte Motivation im Auge, werden wir ein Gespür für die richtige Perspektive und Verhältnismäßigkeit bewahren. Unser Ziel ist, alles, was wir sehen, zum Wohl anderer zu nutzen; das setzt allerdings eine offene Geisteshaltung und einen objektiven Standpunkt voraus. Dann können wir alles genau so sehen, wie es ist, und genau einschätzen, wo unser Leben aus dem Gleichgewicht geraten ist – und können ändern, was zu ändern ist, aber auch akzeptieren, was akzeptiert werden muss.

Es ist nicht einfach, sich ständig einem Spiegel gegenüber zu wissen; wollen wir aber unsere Probleme sichten und verstehen, lohnt es sich, ein wenig Schmerz und Unbehagen in Kauf zu nehmen. Aus alter Gewohnheit beurteilen wir lieber andere und versuchen, sie zu verändern; es kann uns auch Angst machen, uns selbst anzuschauen und an uns arbeiten zu müssen. Es ist ganz normal, das Unbekannte zu fürchten; die Lösung besteht darin, uns kennenzulernen und mit uns Freundschaft zu schließen, so wie ein erfolgreicher Tigerbändiger auch zunächst das Vertrauen des Tigers gewinnen muss. Haben wir erst einmal eine gute Beziehung zu uns selbst, merken wir vielleicht, dass wir gar nicht so viele Probleme haben, wie wir glaubten, und dass die vorhandenen eigentlich gar nicht so schwer zu lösen sind.

Diese Arbeit an uns selbst ist nicht einfach nur spannend, sie muss uns auch ernsthaft und aufrichtig zur Herzensangelegenheit werden. Lösen wir also unsere eigenen Probleme! Zähmen wir unseren Geist und schulen uns! Sonst hadern wir ohne Ende mit der ganzen Welt und schieben bei allem, was uns aufregt oder stört, anderen Menschen und äußeren Umständen die Schuld zu. Wenn wir so an ein Problem herangehen, müssen wir uns ein paar Milliarden Menschen vorknöpfen. Statt all diese Menschen verändern zu wollen, sollten wir lieber »in den Spiegel schauen«, an uns arbeiten, so wie wir sind, und uns an die etwas weniger schwierige Aufgabe machen, unseren eigenen Geist zu zähmen und zu schulen.

Körper, Rede und Geist

Wenn du anderen helfen kannst,
ist das sehr gut,
doch wenn du dazu nicht in der Lage bist,
füge ihnen zumindest keinen Schaden zu.
Seine Heiligkeit der Dalai Lama

Treten Schwierigkeiten auf oder geht es uns nicht gut, geben wir die Schuld dafür gewöhnlich anderen Menschen oder Umständen, die außerhalb unserer Kontrolle liegen. Statt die Reinheit in anderen wahrzunehmen, finden wir es oft einfacher, unsere eigene Negativität auf eine scheinbar geeignete Gestalt außerhalb zu projizieren. Wir glauben, die Ursache für Hass, Neid oder andere negative Gefühle liege in den anderen, in ihrer Art zu handeln, reden oder denken. Das aber ist eine falsche Sicht von uns und der Welt. Wir sollten lieber mit unseren eigenen Problemen und Mängeln ins Reine kommen und versuchen, sie zu klären. Tun wir das, stellen wir vielleicht fest, dass es gar nicht mehr so viele Schwierigkeiten gibt und dass die Probleme, die noch da sind, nicht außerhalb unserer Kontrolle liegen. Es ist einfach praktischer, Ledersandalen zu tragen, statt den ganzen Weg mit Leder zu bedecken.

Wir tun nicht mehr länger so, als wären andere an unseren Problemen schuld, und verbergen unsere Fehler auch nicht mehr hinter verschiedenen Masken. Feine Kleider machen unseren Körper nicht perfekt; unsere Sprache wird nicht vollkommen, indem wir schweigen; und wenn wir meinen, es mache nichts aus, schlecht zu denken, da doch niemand unseren

Geist sehen kann, dann irren wir. Wir können nur dann Fortschritte machen, wenn wir unsere Masken fallenlassen, uns so sehen, wie wir tatsächlich sind, und uns dem auch stellen. Unsere alltäglichen Lebenssituationen, ob sie nun langweilig oder dramatisch sind, zeigen uns im wahren Licht. Um diese Situationen müssen wir uns kümmern – das ist unsere Aufgabe.

Wollen wir die Ursachen für unser Leiden herausfinden und erkennen, müssen wir zuerst verstehen, wie wir die Welt erfahren. Es ist zweckmäßig, das im Hinblick auf Körper, Rede und Geist zu untersuchen.

Unabhängig von unserem Lebensalter bestehen wir alle aus Fleisch und Blut, haben Empfindungen und Gefühle und nehmen sie wahr. Wir können auch alle sprechen und uns mitteilen, seien unsere Worte nun wahr oder falsch. Und schließlich haben wir einen Geist, der gute und schlechte Gedanken und Gefühle hervorbringt. Körper, Rede und Geist sind für uns wirklich und greifbar.

Was wir tun, drückt sich durch Bewegungen und körperliche Handlungen aus und was wir sagen, durch Sprache und Töne; doch alles, was gut oder schlecht in uns ist, hat seinen Ursprung im Geist. In diesem Sinne sind Körper und Rede wie Marionetten, die der Geist tanzen lässt. Bislang waren wir so sehr damit beschäftigt, andere Menschen und äußere Umstände zu manipulieren, dass unsere eigenen Scharniere verrostet sind; wir haben sie nie benutzt. Jetzt brauchen sie ein bisschen Öl. Die Marionetten funktionieren nicht ganz zu unserer Zufriedenheit; ihre Tolpatschigkeit und Unzulänglichkeit schaffen viele Probleme und Enttäuschungen.

Im Idealfall dient der Körper dem Geist treu, es besteht Harmonie zwischen beiden, und es gibt keine Spaltung. Überlassen wir unseren Körper jedoch seinen eigenen niedrigen Neigungen, verstricken wir uns leicht in ein den Sinnen verhaftetes, materialistisches Leben, aus dem wir uns nur schwer wieder lösen können. In diese Falle geraten sowohl sorglose als auch eigensinnige Menschen, und in beiden Fällen geschieht am Ende dasselbe – sie verlieren ihre Freiheit. Wir müssen unsere Fäden geschickter handhaben lernen, damit wir besser in Wort und Tat umsetzen können, was wir wirklich glauben und denken.

Das bedeutet nicht, dass wir die Bedürfnisse unseres Körpers verleugnen oder die natürliche Weisheit unterdrücken sollten, die aus ihm spricht. Auch hier muss Mitgefühl uns leiten. In diesem Zusammenhang kann man Mitgefühl als die Überzeugung definieren, dass wir als reich begabte und potentiell erleuchtete Wesen der Welt und ihren Bewohnern viel zu geben haben. Diesen Samen, diese positive Einstellung, pflanzen wir in unseren Geist ein und lassen alles, was wir tun und sagen, davon durchdringen und erfüllen. Das bringt Körper, Rede und Geist zusammen und richtet sie auf ein gemeinsames Ziel aus, so handeln sie auf jeder Bewusstseinsebene und in allen Ausdrucksformen stets im Einklang. Mitgefühl ist die Saat, ist Anfang, Weg und Ziel.

Strecken wir die Hand nach einem Hund aus, kommt er vermutlich auf uns zu und erwartet Futter oder Freundschaft; erheben wir die Hand jedoch, läuft derselbe Hund weg, denn er fürchtet, dass wir ihm etwas zuleide tun. Genauso hat jede unserer Bewegungen, jedes Geräusch und jeder Gedanke eine Wirkung auf andere. Wir müssen uns nur umsehen, dann können wir das leicht erkennen. Durch die Art, wie wir uns beispielsweise bewegen, geben wir anderen absichtlich oder unwillkürlich Signale. Hinkt jemand, nehmen wir an, dass er unter Rheuma leidet oder einen Unfall hatte. Geht jemand hüftschwingend an einer anderen Person vorbei, dann findet diese das vielleicht sexy und glaubt, der oder die Vorbeigehende wolle ihr damit etwas sagen, doch vielleicht ahnt dieser Mensch nicht das geringste von dem Signal, das andere aufnehmen. Die Körpersprache ist ein machtvolles Kommunikationsmittel. Wollen wir auf körperlicher Ebene hilfreich und positiv wirken, müssen wir lernen, achtsam in dem Wissen zu handeln, dass unsere Gebärden einen Einfluss haben auf andere und Reaktionen hervorrufen, die unter Umständen auf uns zurückwirken können.

Gleichermaßen müssen wir auch auf die Geräusche, die wir machen, achten und auf die Dinge, die wir sagen. Freundliche, sanfte Töne und Worte haben auf andere eine gute Wirkung, sie ermutigen und spenden Trost. Ein Mensch kann von großem Kummer befreit werden, wenn er die richtigen Worte der Beruhigung hört oder die heilende Kraft eines Gebetes oder Mantras erfährt. Genauso bedeutsam wie die Worte, die wir sagen, ist die Art und Weise, wie wir sie benutzen.

Hinter all unseren Handlungen und Worten ist der Geist am Werk. Es ist dabei nicht wichtig, ob wir ihn im Gehirn oder anderswo ansiedeln. Wir müssen nur verstehen, dass alles, was wir tun oder sagen, im Geist seinen Ursprung hat. Der Geist hat zwar keine Form, und wir können ihn auch nicht genau lokalisieren, doch wenn wir unser Verhalten ändern wollen, müssen wir uns letztendlich mit dem Geist befassen.

Wir müssen die offensichtlichen Manifestationen dieses schwierigen Geistes bewusst wahrnehmen, uns aber auch vor seinen subtileren, doch nicht weniger schädlichen Tendenzen in acht nehmen. Vielleicht halten wir es für ziemlich harmlos, wenn wir uns einen gewalttätigen Kino- oder Fernsehfilm anschauen; identifiziert sich der Geist jedoch damit, wie Menschen gefoltert oder gequält werden, kann das unmerklich eigener Grausamkeit und Herzlosigkeit den Weg bahnen.

Bislang hat ein ziemlich selbstsüchtiger, egozentrischer Geist unsere Worte und Taten gelenkt, und solange wir seine Aktivität nicht eindämmen wollen oder können, ist er stark und mächtig. Im Augenblick wissen wir vielleicht nicht einmal, dass es diesen Geist gibt; irgendwann müssen wir jedoch diesen Diktator ausfindig machen und ihm ins Auge sehen; wir müssen uns dem Geist stellen und uns mit ihm befassen – auf seiner Ebene, so, wie er uns in dem Moment gerade erscheint. Dann können wir sagen: »Du hast schon viel zu lange über meinen Körper und mein Reden geherrscht. Du hast mir mehr als genug Schaden und Leid zugefügt. Jetzt wirst du gezähmt!« Solange wir diesen selbstsüchtigen Ego-Geist nicht aufgegeben oder umgewandelt haben, kommen wir nicht wirklich weiter; ist uns das jedoch gelungen, sind wir auf dem richtigen Weg. Meditation kann uns dabei helfen; sie gibt uns Zeit und Raum. Wir können einen Schritt zurücktreten und so das Problem klarer sehen. Dadurch können wir verstehen, was der Geist ist und wie er auf der Ebene von Gedanken, aber auch auf der Ebene von Körper und Rede arbeitet.

Wir haben Körper, Rede und Geist bislang getrennt betrachtet; aber natürlich sind sie voneinander abhängig. Wollen wir auf dem Weg vorankommen, müssen sich alle drei auf den Weg begeben. Alle drei müssen geschult werden, damit sie weniger Schaden anrichten und mehr zu unserem Wohl, dem der anderen Wesen und der ganzen Umwelt handeln.

Die Übungen in diesem Buch sind gedacht als praktische

Grundlage, die diesen Prozess unterstützen soll. Später, wenn wir Körper, Rede und Geist reinigen, können wir ein wenig tiefer gehen. Wir verstehen dann, dass sie keine wirkliche Substanz besitzen; wir erkennen, dass unser Körper einem Regenbogen gleicht, unsere Rede einem Echo und unser Geist einer Spiegelung auf der Wasseroberfläche. Allerdings können wir dieses Verständnis nur erlangen, wenn wir uns sehr darum bemühen.

Right Conduct

Rechtes Verhalten

Sich des Bösen enthalten,
Vollkommene Tugend praktizieren
Und den eigenen Geist völlig zähmen,
Das ist die Lehre des Buddha.
Gautama Buddha

Das ist die Essenz der Lehre des Buddha, vollständig und für alle von Bedeutung, wie tief ihr spirituelles Verständnis auch immer sein mag. Auf den ersten Blick scheint das ein sehr schlichter Ratschlag, aber in die Tat umzusetzen ist er nicht so leicht. Es ist sehr schwierig, nichts Böses zu tun und nur positiv und heilsam zu handeln. Wollen wir unseren Geist zähmen, brauchen wir viel Geduld und Geschick. Wir sollten uns jedoch nicht entmutigen lassen, denn folgen wir diesem Weg, ziehen wir unschätzbaren Gewinn daraus. Rechtes Verhalten bringt uns und anderen Glück, und solange wir uns bemühen, diese Lehre zu praktizieren, sind wir bestimmt auf dem richtigen Weg.

Alle wollen glücklich sein, doch die Suche nach Glück kann dazu führen, dass wir falsch oder unbedacht handeln. Vielleicht töten, betrügen oder bestehlen wir andere sogar, um Glück zu finden. Kennen wir das rechte Verhalten nicht, fügen wir anderen vielleicht jetzt in diesem Augenblick Leid zu und schaffen gleichzeitig die Ursachen für unser eigenes, zukünftiges Leiden.

Was ist der Ursprung schädlicher Handlungen? Sie entstehen, wenn wir aus Unwissenheit an der Vorstellung eines unabhängigen Ich oder Selbst festhalten. Wir haben dieses Selbst bislang sehr geschätzt und hängen an allem, was es unterstützt.

Dieses Festhalten an Reichtum, Besitz und angenehmen Gefühlen führt zu Stolz, Neid und Gier. Umgekehrt ärgern wir uns über alles und jedes, was unsere Ansichten über diese Welt und unsere zentrale Rolle darin in Frage stellt, und so entstehen Intoleranz, Wut und Hass.

Während es im Alltag praktisch, ja sogar notwendig ist, von der Vorstellung eines Ich auszugehen, hat dieses Ich auf einer absoluten Ebene keine eigenständige und unabhängige Existenz. Erkennen wir, dass alle Erscheinungen bedingt und voneinander abhängig sind, wird diese Wahrheit offenbar.

Unwissenheit und Verblendung sind also die Wurzel all unserer schädlichen Handlungen und Unannehmlichkeiten. Verhalten wir uns dagegen diszipliniert und heilsam, gewinnt unser Leben an Qualität und Wert. Rechtes Verhalten kann uns helfen, zu meditieren und unseren Geist zu zähmen, und es befreit uns von den Folgen früherer unheilsamer Handlungen. Es bringt uns und anderen Glück. Darum ist rechtes Verhalten so wichtig.

Es gibt verschiedene Methoden, unser Verhalten zu verstehen; so ist es etwa sehr sinnvoll, alle heilsamen Handlungen als positiv und alle unheilsamen Handlungen als negativ zu betrachten. Wir können dann Tag für Tag erkennen, wie positiv oder negativ wir sind. Das Ziel ist ganz einfach: das Positive zu mehren und das Negative zu mindern, bis schließlich alles positiv ist. Jeden Morgen sollten wir unsere Entschlossenheit erneut bekräftigen, nur Gutes zu tun und niemandem Schaden zuzufügen. Den ganzen Tag hindurch erinnern wir uns daran, ob wir nun arbeiten, studieren oder uns entspannen, ob wir allein sind oder mit anderen. Jederzeit und bei jeder Handlung, jedem Wort und jedem Gedanken erneuern wir diese Entschlossenheit. Haben wir das Wohl anderer im Sinn, dann gewinnen selbst die einfachsten Aufgaben Wert und Würde.

Bevor wir abends schlafen gehen, sollten wir uns an die Handlungen, Worte und Gedanken des Tages erinnern und sie untersuchen. Wenn wir uns dabei nicht selbst belügen, können wir unsere Entwicklung genau einschätzen und müssen niemand anderen zu Rate ziehen. Mit der Zeit erkennen wir negative Tendenzen, wissen, wie sie entstehen, und brauchen sie nicht mehr so oft auszuleben. Ebenso lernen wir, das Positive und seine Ursachen wahrzunehmen und können es immer mehr in unseren Handlungen zum Ausdruck bringen. Natürlich sind viele unserer Handlungen neutral, ihnen brauchen wir keine besondere Aufmerksamkeit zu schenken.

Unsere Untersuchung ist mehr als eine passive Übung. Wir beobachten zum Beispiel nicht nur unsere Fehler und denken: »Ich bin ein schrecklicher Mensch«, oder finden Pluspunkte, durch die wir unseren Stolz pflegen. Wir versuchen vielmehr, Unheilsames zu verwandeln oder zu beseitigen, und bemühen uns gleichzeitig, die guten Qualitäten zu entwickeln und zu mehren. So können wir unsere Lebensqualität verbessern. Wie aber können wir das Positive vom Negativen unterscheiden?

In der buddhistischen Tradition wird rechtes Verhalten am Beispiel der zehn unheilsamen und der zehn heilsamen Handlungen erklärt; sie beschreiben alles Handeln von Körper, Rede und Geist. Diese Verhaltensrichtlinien werden seit über 2500 Jahren befolgt; sie haben sich als sehr wirksam erwiesen und haben auch heute noch Gültigkeit.

Wir werden darin sehr nachdrücklich aufgefordert, die zehn unheilsamen Handlungen zu vermeiden. Drei davon beziehen sich auf den Körper: Die erste unheilsame Handllung ist, einem

Wesen das Leben zu nehmen, die zweite, zu stehlen oder zu nehmen, was nicht aus freien Stücken gegeben wurde, und die dritte ist sexuelles Fehlverhalten – dazu gehört zum einen, eine Person gegen ihren Willen oder ihre Neigungen zu etwas zu zwingen, und zum anderen, eine Person dazu zu bringen, ihre religiösen Gelübde oder ihre Verpflichtungen innerhalb einer Beziehung zu brechen.

Vier unheilsame Handlungen beziehen sich auf die Rede: Erstens ist es schädlich, Menschen irrezuführen und anzulügen oder bewusst die Unwahrheit zu sagen; zweitens, durch unsere Reden Zwietracht zwischen Freunden und Partnern zu säen; drittens, andere zu verunglimpfen, zu verhöhnen, zu beleidigen oder ihre Gefühle dadurch zu verletzen, dass wir ihre Fehler herausstellen; und viertens ist es schädlich, Dinge zu sagen, die nicht nützlich oder hilfreich sind.

Der Geist ist das Wichtigste; er ist der Ursprung all unserer Aktivitäten. Lassen wir jetzt einen negativen Gedanken Wurzel fassen, erwächst daraus später, wenn er voll ausgereift ist und wir ihn zum Ausdruck bringen, mit Sicherheit Leid. Drei geistige Neigungen sollten wir strikt meiden. Die erste ist Habgier, das Verlangen nach Reichtum, Besitz und den Partnern anderer. Die zweite ist Missgunst gegenüber anderen und der Wunsch, ihnen auf irgendeine Weise zu schaden. Drittens sollten wir niemals die Wahrheit des Gesetzes von Ursache und Wirkung anzweifeln, jenes Gesetzes, das alle Handlungen, die heilsamen und die unheilsamen, beherrscht.

Wir müssen erkennen, dass unheilsame Handlungen nur Leid bringen und uns daran hindern, Frieden und Glück zu finden. Wir müssen nicht religiös sein, um das zu verstehen. Pflanzen wir Sonnenblumenkerne, werden daraus Sonnenblumen.

Fügen wir anderen Schaden zu, wird ihre Freude sofort geringer, und letzten Endes schwindet auch unsere eigene Freude. Die zehn unheilsamen Handlungen zu vermeiden bringt unmittelbar Segen, doch niemandem ist dies bislang vollkommen gelungen. Aus diesem Grund müssen wir mit allem, was wir tun, sagen oder denken, sehr vorsichtig sein.

Wir sollten auch versuchen, die zehn heilsamen Handlungen zu praktizieren; jede einzelne stellt dabei das Gegenmittel zu der ihr entgegengesetzten schädlichen dar. Statt zu töten, sollten wir das Leben in all seinen Formen hegen und pflegen. Statt zu nehmen, was uns nicht freiwillig gegeben wurde, sollten wir unseren Wohlstand mit anderen teilen, wie beschränkt er auch immer sein mag. Und in unseren Beziehungen sollten wir uns um moralisches Verhalten bemühen.

Auf die Rede bezogen, sollten wir stets ehrlich und aufrichtig sein; wir sollten Streit schlichten und Zwietracht zwischen Menschen auflösen; wenn überhaupt, dann sollten wir nur gut über andere sprechen und ganz allgemein Sprache nur in hilfreicher und sinnvoller Weise benutzen.

Auf den Geist bezogen, sollten wir uns über das Glück anderer freuen und nicht denken: »Wenn ich das nur hätte.« Wir sollten anderen stets gut gesinnt sein und ihnen Glück wünschen, und schließlich sollten wir die Wahrheit des Gesetzes von Ursache und Wirkung genau verstehen.

Die zehn unheilsamen und die zehn heilsamen Handlungen sind nützliche Verhaltensrichtlinien für Buddhisten wie Nicht-Buddhisten. Beachten wir die heilsamen, dann werden unsere Beziehungen zu anderen Menschen besser, und das führt zu einer glücklicheren Welt. Folgen wir diesen Ratschlägen, dann übertreten wir keine Gesetze, beleidigen niemanden und können sicher sein, dass unser Handeln keinen Schaden anrichtet und kein Leid nach sich zieht.

Unabhängig davon, wie heilsam unser Verhalten ist, müssen wir uns davor hüten, über andere zu urteilen oder Fehler an ihnen zu suchen. Beschäftigen wir uns zuviel mit dem, was andere tun, sagen oder denken, oder vergleichen wir ihr Verhalten mit unserem eigenen, werden wir vielleicht hochmütig oder mutlos. Stattdessen zähmen wir unseren eigenen Geist nach besten Kräften und orientieren uns dabei an den hohen Maßstäben der Lehren. Wir suchen eher innen als außen nach Zeichen des Forschritts oder nach Anzeichen dafür, was noch zu ändern oder verbessern bleibt.

Wir können unsere eigene Entwicklung einschätzen, wenn wir auf unsere Einstellung zu den Fehlern, die wir an anderen wahrnehmen, achten. Je mehr wir unseren Geist gezähmt haben, desto weniger Fehler werden wir an anderen entdecken; je weniger gezähmt der Geist ist, desto mehr Fehler sehen wir außerhalb. Sind unsere Einstellung und Motivation wirklich positiv, sehen wir die Welt eher mit frohen und positiven Augen; ist unsere Motivation jedoch von Unwissenheit und Selbstsucht geprägt, spiegelt sich das in unserer Wahrnehmung wieder, und wir sind unzufrieden. So wie die Schönheit liegt auch die Reinheit im Auge und Herzen der betrachtenden Person.

Es ist klüger, uns an die Außenwelt anzupassen statt zu versuchen, die Welt auf unsere Bedürfnisse und Wünsche auszurichten. Wäre beispielsweise die Erdoberfläche mit Dornen und Brennesseln bedeckt, das Gehen somit für uns ganz schwierig, so wäre es ein endloses, unmögliches Unterfangen, versuchten wir, sie alle abzuhacken. Zögen wir stattdessen ein Paar kräftige

Schuhe an, könnten wir überall bequem hingehen, ungeachtet aller Dornen und Brennnesseln. Das gilt auch für den Geist: Ist er erst einmal gezähmt, können wir innere wie äußere Gegebenheiten leichter akzeptieren und damit umgehen.

Eine solch radikale Veränderung unserer Sichtweise geschieht nicht über Nacht, und wir müssen für den Anfang weiterhin mit vielen Fehlern rechnen. Doch das ist kein Grund, ungehalten oder mutlos zu werden oder uns selbst zu bestrafen. Mit Geduld und Mitgefühl versuchen wir, aus unseren Fehlern zu lernen. Wir erziehen uns selbst gründlich um und lernen, schwierige Situationen zu meistern und mit anderen Menschen heilsamer und ausgeglichener umzugehen.

Unsere Einstellung zu Misserfolgen ist sehr wichtig. Nichts ist leichter, als Erfolg mit Gelassenheit zu betrachten, doch Fehlschläge jeder Art sorgen für eine weitaus härtere Prüfung. Einige Menschen müssen streng mit sich sein, wenn sie aus ihren Fehlern lernen und Wiederholungen vermeiden wollen. Andere reagieren besser sanft und bedächtig auf die eigenen Fehlurteile oder das eigene Fehlverhalten. Wir müssen uns natürlich gut kennen, um die für uns geeignetsten Methoden auszuwählen und mit Körper, Rede und Geist gute Verhaltensweisen zu entwickeln.

Wollen wir rechtes Verhalten einüben und schädliche Neigungen verwandeln, tauchen mit hoher Wahrscheinlichkeit spontan Ablenkungen und negative Impulse auf. Eine strahlend helle Sonne wirft natürlich dunklere Schatten als eine Sonne, die im Dunst liegt oder teilweise verdeckt ist; wir sollten uns deshalb nicht darüber wundern oder unruhig werden. Wir versuchen einfach weiterhin, unser Bestes zu tun.

Am Anfang des Weges hilft die Erkenntnis von Positv und

Negativ, Gut und Schlecht und von der Notwendigkeit den Geist zu disziplinieren. Am Ende des Weges können wir diese dualistischen Vorstellungen hinter uns lassen, anfangs liefern sie uns jedoch das Material für unsere Arbeit und weisen den Weg. Trägt unsere Praxis dann später Früchte, geht der Schulungsprozess weiter, ohne dass wir darüber nachdenken müssen. Dann wird alles, was wir tun, sagen oder denken, ganz natürlich und spontan zum Wohl anderer sein.

So lernen wir auch das Autofahren: Anfangs müssen wir uns auf jeden Schritt in allen Einzelheiten konzentrieren, aber nach einiger Zeit geht es wie von selbst. Genauso wird uns die Praxis des rechten Verhaltens zur zweiten Natur, wenn wir unseren Geist erst einmal gezähmt haben.

Vor allem sollten wir unser Vertrauen in die Lehren bewahren, sie achten und sie nicht aufgeben, wenn wir auf Schwierigkeiten stoßen. Ihre Prinzipien sind das unerschütterliche Fundament, während die praktischen Methoden durch viele Generationen von Übenden verfeinert und bestätigt wurden. Kurz gesagt: Wir können uns völlig auf sie verlassen. Es liegt nun bei uns, diese Lehren und Methoden in unser tägliches Leben einzubeziehen und sie uns zu eigen zu machen. Dann arbeiten wir stets zum Wohl aller und fügen niemandem Schaden zu. Gleichzeitig halten wir diese kostbare Überlieferung zum Segen künftiger Generationen lebendig.

FRAGE: Manche Leute meinen, wenn andere die Regeln des rechten Verhaltens brechen (und dabei glücklich zu sein scheinen), warum sollten sie es dann nicht auch tun? Schlechte Menschen werden manchmal sehr reich und mächtig, während viele gute Menschen sehr arm bleiben.

Rinpoche: Es gibt Menschen, die andere betrügen und reich werden; das bedeutet aber nicht, dass sie auch glücklich sind. Wir sind wirklich reich, wenn wir ein zufriedenes Leben führen und alles genießen und schätzen. Diesen Reichtum können wir mit uns nehmen, wohin wir auch gehen und in welcher Situation wir uns auch befinden. Jemand kann sogar am Piccadilly Circus auf der Straße leben, in einem alten Karton schlafen und sich reich fühlen, weil er das Gefühl hat: »Das ist genug für mich.« In einer solchen Situation hat man auch keine Angst, man denkt nicht: »Wer wird mir jetzt meinen Karton wegnehmen?«, denn das ist nicht wichtig. Besitzen wir viele Häuser und Autos, bedeutet das nicht, dass wir reich sind. Üben wir uns aber in rechtem Verhalten und sind wir mit unserem Leben zufrieden, dann ist das echter Reichtum.

Frage: Rechtes Verhalten wird manchmal so erklärt, dass man die Anzahl der heilsamen Handlungen vermehrt und alles negative Handeln unterlässt oder beseitigt. Dies ist offensichtlich der richtige Weg, sich zu verhalten. Aber manchmal schlagen wir uns mit Problemen oder negativen Gefühlen herum und dann wird uns geraten, uns selbst oder das negative Gefühl nicht zu bekämpfen, sondern vielmehr seine Qualität anzuerkennen. Könnten Sie diese zwei scheinbar verschiedenen Herangehensweisen erklären?

Rinpoche: Ich denke, die Herangehensweise richtet sich danach, ob man erst anfängt oder sich auf einer mittleren oder fortgeschrittenen Stufe befindet. Stehen wir am Anfang, müssen wir selbstverständlich lernen, negative Handlungen zu überwinden; es hat keinen Zweck, sie einfach zu akzeptieren. Unser Geist ist dann noch nicht reif. Es gibt also »Negatives«, und wir müssen damit umgehen. Wir müssen heilsam handeln; das ist die erste wichtige Stufe, die notwendige Grundlage für unsere weitere Entwicklung.

Wir haben den zweiten Schritt getan, wenn wir mit dem Negativen umgehen können; wir geben es nicht einfach nur auf, sondern wir lernen, seine Qualitäten zu erkennen und zu würdigen. Diese Art von Wertschätzung ist die zweite Stufe.

Die dritte Stufe ist erreicht, wenn unser Geist reif ist und wir jede Erfahrung in unsere Praxis integrieren können. Wenn wir schon reif sind, müssen wir vielleicht nicht am Anfang beginnen. Gleichgültig, wo wir stehen, wir sollten so denken, handeln und sprechen, dass wir anderen Gutes tun und ihnen keinen Schaden zufügen.

Mitgefühl

Um allen Lebewesen in ihrem
offenbar unvermeidlichen Leiden zu helfen,
legen wir die sanfte Rüstung des Mitgefühls an,
das nicht nur uns Menschen,
sondern allen lebenden Wesen gelten soll,
den Sichtbaren wie den Unsichtbaren.
Seine Heiligkeit der XVI. Gyalwa Karmapa

Mitgefühl und Herzensgüte sind für unser Wohlergehen und unsere spirituelle Entwicklung unentbehrlich. Mit diesen beiden Eigenschaften können die Schwierigkeiten unserer Freunde und Verwandten, wie auch die Probleme, die unsere Umwelt und die Welt als ganze betreffen, gelöst werden.

Je umfassender und tiefer unser Mitgefühl ist, desto weiter reicht es. Ist es schließlich wirklich universell geworden, können wir für alles und alle in der rechten Weise sorgen. Unser Familienleben gewinnt an Bedeutung und Sinn, und mit unserer Zufriedenheit wächst auch das Glück der anderen. Nimmt unser Mitgefühl zu und dehnt es sich immer weiter aus, wird auch die Welt allmählich besser. Auf der persönlichen Ebene wird es weniger Begierde und Hass geben und zwischen Völkern und Volksgruppen weniger Konflikte und Kriege.

Wir alle besitzen jetzt schon ein wenig Mitgefühl. Auch sehr selbstsüchtige Menschen können durchaus für ihre Eltern, Kinder, Geliebten, Freundinnen und Freunde sorgen. Selbst Tiere wie Schlangen oder Krokodile, die ständig (zum Überleben) töten, lieben ihre Jungen. Beschränkt sich unser Mitgefühl

jedoch nur auf die engsten Verwandten oder unsere Gattung, dann schließt es mehr Wesen aus als ein; im Vergleich zu dem grenzenlosen Mitgefühl, das wir entwickeln könnten, ist es äußerst begrenzt. Etwas Mitgefühl ist besser als gar kein Mitgefühl, aber grenzenloses Mitgefühl wäre das Beste.

Am Anfang ist es hilfreich, wenn wir erkennen, dass uns allen die Möglichkeit des erwachten Geistes gemein ist. Wir alle haben diese Fähigkeit; sie ist jedoch von Unwissenheit verdunkelt und dem Negativen, das wir angesammelt haben. Gleichermaßen verhindern mangelndes Verstehen und unbedachte Handlungen, dass wir dieses Potenzial erkennen und erfüllen. Beseitigen wir jedoch die Verhüllungen und Unreinheiten, können wir die Illusion einer abgetrennten Existenz überwinden und die wechselseitige Abhängigkeit aller Dinge erkennen. Dann wird uns deutlich, dass wir uns nur selbst schaden, wenn wir anderen schaden, und dass wir uns um uns selbst kümmern, wenn wir uns um andere kümmern. Sind wir erst einmal in der Lage, den erleuchteten Geisteszustand als Potenzial in Freund und Feind gleichermaßen zu erkennen, empfinden wir auch das gleiche Mitgefühl für alle.

Im Grunde wollen wir alle glücklich sein und das tun, was zu weiterem Glück führt. Selbst die Menschen, die sich selbst Leid zufügen, tun das aus Unwissenheit, denn niemand will ernstlich unglücklich sein. Sie erkennen nicht, dass heilsames Handeln zu Glück oder einem glücklichen Geisteszustand führt, und das wiederum zu heilsamem Handeln anregt.

Wir müssen also zunächst zwischen heilsamen und unheilsamen Handlungen unterscheiden. Haben wir Richtig und Falsch unterscheiden gelernt, können wir dieses Wissen geschickt in unserem täglichen Leben anwenden. Das Kapitel über rechtes Verhalten enthält einfache Richtlinien für heilsames Handeln und warnt uns vor unheilsamen Handlungen. Es lässt sich folgendermaßen zusammenfassen: Tun wir Gutes, bringt das Glück und schafft die Ursachen für weiteres Glück; unheilsames Handeln schafft nur Leiden. Solange wir nicht begreifen, dass diese Unterscheidung die Grundlage für das Wachstum unseres Mitgefühls ist, machen wir uns und andere unglücklich, ob wir das wollen oder nicht.

Manche Menschen genießen es scheinbar, sich und andere unglücklich zu machen, doch auch sie leiden. Sie können oft einfach nicht anders, aus Unwissenheit oder weil sie ihre eingefahrenen Gleise nicht verlassen können. Eine Schlange mag ein Baby, das im Gras spielt, vielleicht nicht vergiften wollen; aus Angst und Unwissenheit tut sie es dennoch, auch wenn sie keinen Hunger hat und nicht in Gefahr ist. Für eine Schlange ist das Gift ein Teil ihres Lebens; für Menschen muss das aber nicht so sein. Ärgert uns jemand oder tut etwas, das uns nicht gefällt, werden wir vielleicht wütend; tadeln wir diesen Menschen jedoch oder wollen wir ihn bestrafen, dann handeln wir nicht aus Mitgefühl, wie wir vielleicht meinen. Wir müssen lernen, nicht verletzend oder negativ zu reagieren, und uns sehr davor hüten, wie ein Tier oder eine Schlange auf andere loszugehen. In einer solchen Situation ist Mitgefühl und nicht Ärger die angemessene Reaktion.

Es fällt uns meist leicht, unfreundlich oder selbstsüchtig zu sein; uns anderen gegenüber rücksichtsvoll und achtsam zu verhalten, fällt uns dagegen schwer. Um unser Mitgefühl und unsere Herzensgüte zu vertiefen, versuchen wir, uns in andere hineinzuversetzen und die Dinge von ihrem Standpunkt aus zu sehen. Dann schaden wir ihnen nicht und tun auch nichts, was wir selbst nicht gerne erleben würden. Wir sollten stets versuchen, anderen die Freude zu bereiten, die wir selbst gern erfahren würden. Allmählich gibt es keinen Unterschied mehr zwischen dem Wunsch nach ihrem und dem nach unserem Glück. Im menschlichen Zusammenleben greifen wir dann ineinander wie die Teile eines Puzzlespiels. Um das zu erreichen, müssen wir sehr genau wahrnehmen, wie sich die anderen fühlen.

Mitgefühl und Herzensgüte können ganz einfach und Schritt für Schritt entwickelt werden, doch müssen wir uns dazu sehr anstrengen und viel Geduld aufbringen. Wir müssen unseren Geist gründlich schulen, damit diese Eigenschaften so tief und stark werden, dass sie unversehrt bleiben, wenn sich die Dinge gegen uns wenden. Grenzenlose Herzensgüte ist unser Ziel.

Nun können wir uns möglicherweise einen solchen Geisteszustand zwar schon vorstellen. Wir sind aber noch nicht so weit. Im Augenblick bereitet es uns vielleicht noch sehr viel Mühe, einfach für uns selbst zu sorgen, anderen keinen Schaden zuzufügen und ihnen nicht zur Last zu fallen. Aber auch das wäre schon sehr wertvoll. Es wäre nämlich die richtige Grundlage für unser zukünftiges Wachstum – denn ohne Mitgefühl für uns selbst ist es sehr schwierig, Mitgefühl für andere zu entwickeln.

Zunächst müssen wir erkennen, dass alle Menschen, ohne Ausnahme, auf irgendeine Weise leiden. Ob wir arm oder reich, begabt oder unbegabt sind, wir erfahren alle die Leiden von Geburt, Alter, Krankheit und Tod. Solange wir nicht befreit sind, sind wir wie Gefangene, die in einem Kerker auf ihre Hinrichtung warten; Vergänglichkeit und Tod sind unvermeidlich, wir können vor ihnen nicht davonlaufen und uns auch nicht vor ihnen verstecken. Niemand will leiden, und doch leiden wir alle auf unterschiedliche Weise, und wir alle können diesem Leiden nicht entkommen, wie sehr wir es auch versuchen mögen.

Reiche Menschen leiden trotz ihres Wohlstandes; vielleicht fürchten sie, ihren Reichtum zu verlieren oder sich davon korrumpieren zu lassen; vielleicht zerstört er auch das Vertrauen und die Freundschaft der Menschen, für die sie sorgen. Arme Menschen hungern vielleicht, sind obdachlos oder sorgen sich unentwegt, wie sie ihre Familie ernähren können. Intelligente Menschen leiden trotz oder sogar wegen ihrer Fähigkeiten; und weniger begabte Menschen sind selbst mit den einfachsten Problemen überfordert.

Alle Wesen leiden, ob sie sich dessen bewusst sind und es sich eingestehen können oder nicht. Haben wir das vollkommen verstanden, müssen wir in einem nächsten Schritt den tiefen Wunsch entwickeln, dass sie von den Ursachen dieses Leids frei werden mögen. Unser Ziel sollte es sein, niemanden von diesem Mitgefühl auszuschließen.

Es ist schwer, ein so grenzenloses Mitgefühl zu beschreiben; wir können es vielleicht mit der Stärke und Tiefe des Gefühls vergleichen, das zwischen einer Mutter und ihrem Kind besteht und sich dann auf alle Wesen gleichermaßen erstreckt.

Im Westen ist die Beziehung zwischen Eltern und Kindern distanzierter als im Osten. Das westliche Ideal besteht darin, den Kindern so früh wie möglich Freiheit und Unabhängigkeit zu geben. Säuglinge werden oft mit der Flasche ernährt. Kleine Kinder schlafen getrennt von der Mutter und müssen oft Verantwortung übernehmen, bevor sie ihr gewachsen sind. Sie werden beispielsweise alleingelassen, wenn ihre Eltern zur Arbeit gehen. Manchmal gehen Jugendliche zu früh in die Welt hinaus und machen schlechte Erfahrungen. Mit dieser verfrühten Freiheitssuche gleichen sie Schwalben, die zu früh das Nest verlassen und dann abstürzen. So etwas kommt häufig vor, und man hält es gewöhnlich für normal; aber in vielen Fällen können die Kinder sogar in einem Heim landen, weil sie zu früh zu viel Freiheit hatten.

An vielen Orten im Osten folgen die Familien noch der alten Tradition; sie arbeiten und schlafen zusammen. Mütter teilen ihre Milch, ihr Essen wie auch ihre Freude mit ihren Kindern, und zwischen ihnen herrscht ein Gefühl großer Nähe und Sicherheit. Im Westen sind diese liebevollen Beziehungen nicht mehr so häufig; aber um sie geht es uns: Wir versuchen, zu allen Wesen eine solch liebevolle Beziehung zu entwickeln.

Es gibt noch eine weitere Methode, mit der wir unser Mitgefühl fördern können. Wir überlegen uns, was wir empfänden, wenn unsere eigene Mutter gefoltert oder auf irgendeine Weise gequält würde. Vielleicht wünschen wir uns dann: »Wenn sie doch nur von diesem Leiden befreit werden könnte!« Wir streben an, dasselbe tiefe Gefühl für alle Wesen zu empfinden und aus tiefstem Herzen zu wünschen, dass alle frei werden von Leiden. Anfangs üben wir also Herzensgüte gegenüber den Menschen, die uns nahe stehen, wie zum Beispiel unsere Mutter, dann weiten wir dieses Gefühl aus, bis es alle Wesen ohne Unterschied umfasst.

Das heißt nun nicht, dass sich unser Mitgefühl nur auf Menschen erstrecken sollte. Auch Tiere müssen großes Leid ertragen. Viele werden getötet, oft sogar ohne die Rechtfertigung, dass dies zur Nahrungsversorgung geschieht. In der ganzen Welt geht man auf die Jagd, und überall beuten Menschen Tiere grausam aus; sie werden von anderen Tieren gejagt, und außerdem müssen sie noch Futter und Obdach für sich und ihre

Jungen finden. Wir können uns nur schwer vorstellen, wie sich ein Fisch fühlt, wenn er am Haken hängt und aus dem Wasser gezogen wird, oder ein Fuchs, den man zu Tode hetzt; aber sicher ist, dass uns solche Erfahrungen kein Vergnügen bereiten würden. Wird uns nur ein einziges Haar ausgerissen, beschweren wir uns oder schreien auf. Schafe jedoch werden selbst bei kaltem Wetter rücksichtslos geschoren. Auch wenn wir nicht viel Einfluss auf den Gang der Dinge haben, können wir doch stets darum bemüht sein, allen Lebensformen gegenüber so liebevoll, sanft und behutsam wie möglich zu sein.

Die nächste Stufe in der Entwicklung von Mitgefühl ist, daran zu arbeiten, *alle* Wesen von ihrem Leiden zu befreien. Wenn wir uns das Leiden anderer vergegenwärtigen und uns in sie hineinversetzen, dann weckt das unser Mitgefühl, und mit der Zeit umfasst es immer mehr Wesen.

Wollen wir anderen helfen, müssen wir von unseren eigenen Erfahrungen ausgehen – denn nur, wenn wir uns den Situationen stellen, die uns selbst schmerzlich und unbequem sind, und mit ihnen umgehen können, entwickeln wir genügend Selbstbewusstsein und Fähigkeiten, um anderen helfen zu können.

Hier ist etwas besonders wichtig: Wenn wir die Welt und unsere Lebensumstände in einem Bezugsrahmen von Gewalttätigkeit und Unannehmlichkeiten wahrnehmen, dann ist dies unsere eigene Schöpfung – eine Projektion unserer eigenen inneren Negativität. Es ist also sinnlos, davonzulaufen und anderswo nach einer besseren Welt oder einer Art Himmel auf Erden zu suchen. Mit dem rechten Verständnis können wir hingegen eine heilsame, positive Beziehung zur Welt der Erscheinungen hier und jetzt aufbauen.

Ist unser Geist rein, erleuchtet diese Reinheit alles, was wir wahrnehmen, so wie eine Person mit guten Augen alles so klar sieht, wie es ist. Ist unser Sehvermögen jedoch beeinträchtigt, erscheint uns alles unscharf und ungenau, und das führt zu Verwirrung und Missverständnissen. Unser Versuch, den Gegenstand, den wir sehen, zu verändern, ist zwecklos – wir müssen unser Sehvermögen verbessern. Sehen wir an anderen Menschen etwas Negatives, versuchen wir, Mitgefühl für sie zu entwickeln; und nehmen unser Mitgefühl und unser Verständnis zu, finden wir keine Fehler mehr an ihnen. Entsprechend werden auch sie dann mehr Rücksicht auf uns nehmen, der gegenseitige Respekt wächst und die Feindseligkeiten nehmen ab.

Im Moment versuchen wir, schmerzvollen Situationen zu entfliehen, aber das führt zu nichts. Anstatt Leiden zu vermeiden oder es auf andere abzuwälzen, müssen wir seinen Nutzen als ein Mittel zur Entwicklung von Mitmenschlichkeit und innerer Stärke erkennen.

Gleichzeitig ist es aber auch wichtig, uns daran zu erinnern, dass wir nicht nach Schwierigkeiten suchen. Manchmal sagen Menschen, dass Leiden gut ist und dass man sich schinden muss, um etwas Bedeutsames zu erreichen. Das aber ist ein Missverständnis. Beschert uns eine Erfahrung Elend oder Schmerz, akzeptieren wir dies und nützen es als Mittel, uns zu entwickeln, wir suchen aber doch nicht aktiv nach Leiden. Ziel ist hier, flexibel zu sein und anzunehmen, was immer uns begegnet. Weder sollten wir über die Ursachen unseres Leidens zu viel nachdenken noch uns im Leiden suhlen, dies vergrößert nur den Schmerz. Annehmen ist der erste Schritt; dann erst können wir mit den negativen Aspekten unsere Erfahrung arbeiten und sie in gute transformieren.

Gleichzeitig müssen wir uns vor einer Haltung hüten, dass – nur weil wir Mitgefühl praktizieren – andere dies auch tun müssten. Wir machen einfach mit unserem Teil der Arbeit der Selbstentwicklung weiter, und während unser inneres Glück und Mitgefühl wachsen, wird vielen anderen auf ganz natürliche Weise klar, welchen Nutzen das hat, woran wir arbeiten. Und sie werden inspiriert, in ihrem eigenen Tempo unserem Beispiel zu folgen.

Wir entwickeln Herzensgüte und Mitgefühl mit dem Ziel, nicht mehr Partei zu ergreifen. Wir müssen verstehen lernen, dass es nicht richtig ist, zu unseren Freunden freundlicher zu sein als zu unseren Feinden. Ein Freund von heute kann schon morgen ein Feind sein und umgekehrt; wir sollten daher an beiden Vorstellungen nicht zu sehr festhalten. So weit es uns möglich ist, sollten wir unsere Feinde genauso freundlich behandeln wie unsere Freunde und jeden Menschen als eine Person betrachten, zu der wir freundlich sein können.

Wirklich reines Mitgefühl kann niemand schaden, es ist wie Gold – unveränderbar und unvermischt. Bis wir die Praxis des Mitgefühls verfeinert und perfektioniert haben, werden wir unbeabsichtigt kleinere Leiden verursachen. Trotzdem sollten wir weitermachen und versuchen, zu allen Zeiten hilfreich zu sein.

Gleichgültig, wie viel Nützliches wir schon gelernt haben, der Keim des Mitgefühls wird weder wachsen noch Früchte tragen, wenn er nicht dem Licht der alltäglichen Erfahrungen ausgesetzt wird. Beschäftigen wir uns damit, wie man sich entspannt und eine offene, liebevolle Haltung pflegt, nützt das wenig, solange wir im Alltag verspannt und unfreundlich sind. Kaufen wir ein Reitpferd und füttern es, ohne es je zu reiten, wird dieses Pferd wild, unglücklich und niemandem von Nutzen sein. Ein Pferd muss geritten werden, soll es uns je dahin tragen, wo wir hin wollen. Und so müssen auch Mitgefühl und Herzensgüte ein Teil unserer Erfahrung werden.

Wir sollten aber für diese Übung keinerlei Form der Gegenleistung erwarten. Betrachten wir die Übung der Herzensgüte als eine Art Geschäft, stärkt das nur unser Gefühl, ein Ich oder unabhängiges Selbst zu besitzen. Selbstloses Mitgefühl hingegen wird uns helfen, diese isolierte, armselige Sicht von Wirklichkeit und unseren Platz darin zu überwinden, und uns mit der grundlegenden, Alles durchdringenden Einheit in Berührung bringen. Haben wir die rechte Einstellung, hoffen wir weder auf Erfolg, noch fürchten wir persönliche Fehlschläge, wir bemühen uns einfach und bescheiden um die Befreiung und das Wohlergehen aller.

Im Laufe der menschlichen Geschichte hat es aber viele große Heilige und Meister gegeben, denen das gelungen ist. Sie haben hart gearbeitet und ihr Leben dem Wohl anderer gewidmet. Das erreichten sie nicht durch Studium, gute Kriegsführung oder die Anhäufung materieller Besitztümer, sondern durch ihre Liebe zu allen Wesen. Wenn wir ihrem Beispiel folgen, können auch wir die Möglichkeiten unserer wertvollen menschlichen Existenz ausschöpfen und ein solch grenzenloses Mitgefühl in uns erwecken.

Auch das Mitgefühl von Menschen in unserer Umgebung kann unsere Bemühungen inspirieren. Es gibt viele ehrliche, aufrichtige, und nachdenkliche Menschen, die beispielsweise Familien und Kinder in Not mit Geld, Nahrung und Kleidung versorgen. Kümmern wir uns um das Wohl jener Menschen, denen es nicht so gut geht wie uns, ohne Stolz und ohne Gier nach Ruhm und Anerkennung, sind auch wir auf dem richtigen Weg. Wenn unser Vertrauen und unsere Zielstrebigkeit zunehmen, dann wird unser Wohlwollen nach und nach alle leidenen Menschen einschließen – nicht zuletzt jene, für die niemand sorgt, und die deshalb Hilfe und Trost besonders nötig haben.

Das gilt besonders für alte und kranke Menschen, die man in der westlichen Gesellschaft so oft vernachlässigt und in Heime und Anstalten steckt. Es ist falsch, die Alten und Gebrechlichen beiseite zu schieben, einfach weil sie »im Weg« sind oder weil sie mehr Pflege und Zuwendung brauchen, als wir meinen, ihnen geben zu können. Vielmehr sollten wir ihnen nach Möglichkeit die Sorge und Unterstützung, die Sicherheit und Vertrautheit gewähren, die ihnen helfen können, den bevorstehenden Tod als Teil des Lebenszusammenhangs zu sehen – und nicht als etwas Fremdes oder davon Getrenntes.

Natürlich kann die Versorgung von alten, kranken oder unsympathischen Menschen sehr schwer sein. Oft sind sie verwirrt und unvernünftig, leiden unter körperlichen Schmerzen oder Schwächezuständen und versuchen vielleicht, durch ihr Testament und Vermächtnis Macht über andere auszuüben, mit den Mitteln, die ihnen noch verbleiben. Auch wenn dies würdelos ist, sollten wir doch nicht schlecht über diejenigen denken, die so verfahren. Hierbei, und bei allem, was andere betrifft, bemühen wir uns, uns an ihre Stelle zu versetzen und uns vorzustellen, wie sie sich fühlen, ohne zu verdammen oder irgendeine Art von Urteil zu fällen. Unser ganzes Streben besteht darin, unseren Geist zur Reife zu bringen, aus den eigenen Fehlern und denen der anderen zu lernen, immer geleitet von grenzenlosem Mitgefühl, das nicht nur Ziel ist, sondern auch Pfad und Frucht.

Wir müssen diese rechte Motivation verstehen, sonst schafft unsere Freundlichkeit und Großzügigkeit anderen gegenüber vielleicht Hindernisse. Was wir geben können, sollten wir aus freien Stücken geben, ob wir nun viel oder wenig besitzen. Teilen wir unser Glück oder unseren Besitz mit anderen nur ungern, dann haben wir nicht verstanden, was Mitgefühl wirklich bedeutet. Ein Säugling oder ein Kleinkind hängt an seinem Spielzeug und hat Angst, es zu verlieren. Wir benehmen uns genauso, wenn wir nur daran denken, wie wir unseren Besitz schützen und ihn für uns behalten können. Mit dieser Einstellung entwerten wir ihn auch, und er schenkt uns keine Freude mehr. Was wir allerdings stets schützen sollten, das ist unser Mitgefühl. Je mehr wir von uns selbst geben, desto stärker und verlässlicher wird unser Mitgefühl.

Mitfühlendes Handeln braucht viel Geschick. Geben wir zum Beispiel einem Alkoholiker ein hochprozentiges Getränk, hat das, auch wenn er uns noch so sehr darum gebeten hat, nichts mit Freundlichkeit zu tun. Genauso wenig sollten wir versuchen, anderen unsere Hilfe aufzudrängen oder uns in Situationen einmischen, in denen wir nichts Gutes ausrichten können. Sehen wir, dass zwei Personen streiten, halten wir es vielleicht für mitfühlend, wenn wir dazwischentreten und den Streit schlichten. Führt das aber dazu, dass die beiden wütend auf uns werden und wir selbst auch noch wütend werden, dann hat sich die Verwirrung nur noch vergrößert. Manchmal ist es besser, sich gar nicht einzumischen, es sei denn, unser Mitgefühl ist so tief, dass wir unsere Gefühle auch inmitten von Wut und Streit unter Kontrolle halten können.

Zwar sollten wir stets darum bemüht sein, anderen so viel wie möglich zu helfen, doch müssen wir uns auch davor hüten, zu viel zu schnell wegzugeben und es am Ende zu bedauern und dem nachzutrauern. Wir achten darauf, nur so viel zu geben, wie wir bereit sind, dann, wenn wir bereit sind. Unser Mitgefühl sollte gleichmäßig und allmählich wachsen. Handeln wir geduldig, feinfühlig, scharfsinnig und mit gesundem Menschenverstand, können wir mit jeder Situation behutsam umgehen und darauf achten, dass alles, was wir tun, sagen und denken, niemandem schadet und stets hilfreich ist.

Bisher haben wir die Vorteile von Herzensgüte und Mitgefühl betrachtet und wie man diese Eigenschaften entwickelt und am besten praktiziert. Es ist aber darauf hinzuweisen, dass die Entwicklung und Übung zwar Geduld und Sorgfalt erfordert, es aber höchst unklug wäre, das Erwecken unseres Mitgefühls und die Zähmung unseres Geistes auf später zu verschieben.

Im Allgemeinen möchten die Menschen ihr Leben einfach genießen, glücklich sein und nie ans Sterben denken. Gäbe es ein weltliches Vergnügen, das bis zu unserem Tode anhielte, wäre diese Einstellung zu rechtfertigen. Vergnügungen dieser Art dauern jedoch häufig nur kurze Zeit an, im Höchstfalle ein paar Jahre. Geld, das wir verdient oder angelegt haben, schmilzt vielleicht dahin wie Eis in der Sonne; Freude an Essen, Kleidung, Unterhaltung und anderen Menschen sind – wie alle Dinge, die uns so sehr am Herzen liegen – der Veränderung unterworfen. Das Glück und die Freude von heute sind vielleicht morgen schon Sorge und Verlustangst. Etwas, das uns morgens Freude bereitet, kann uns im Laufe eines einzigen Tages unglücklich machen.

Es ist nichts Falsches daran, wenn wir unser Leben genießen, doch dürfen wir nie vergessen, dass alles, auch wir selbst, vergänglich ist, und dass unsere Zeit zu kostbar ist, um sie zu vergeuden. Wir werden mit Bestimmtheit eines Tages sterben, doch Zeit und Ort sind völlig ungewiss. Wenn wir sterben, würden wir mit Sicherheit all unseren Besitz dafür geben, nur einen Tag länger leben zu können. Wir sollten von daher das Erwecken von Mitgefühl keinen Augenblick hinausschieben, denn wenn wir alles zurücklassen müssen, schenkt uns das Gute, das wir getan haben, den größten Frieden und Trost.

Wir sollten überall und jederzeit Mitgefühl entwickeln. Schieben wir das bis morgen auf, können wir uns nicht mehr so direkt auf die Situation beziehen, die dieses Mitgefühl angeregt hat. Wir ignorieren unseren Hunger und Durst auch nicht vierundzwanzig Stunden lang; wir versuchen, beides sofort zu stillen. Mit der gleichen Dringlichkeit müssen wir uns in Liebe und Mitgefühl üben; dies sollte zu einem natürlichen, spontanen Bestandteil unseres Lebens werden.

Auch wenn uns unsere Sterblichkeit immer bewusst sein sollte, müssen wir doch nicht ständig in Angst und Schrecken vor dem Tode leben. Es ist sinnlos, ohne Hoffnung und voller Angst zu leben; das hindert uns nur daran, unser Leben zu genießen. Die Unausweichlichkeit des Todes sollte uns vielmehr anregen, aus jedem kostbaren Augenblick das Beste zu machen und so innere Stärke, Liebe und Mitgefühl zu entwickeln. Gleichgültig, wann wir dann sterben müssen, wir haben unser Bestes getan, und unser Leben war für uns und andere nützlich und wertvoll.

Wir können dem Tod nicht entgehen; wir können aber durch rechte Anstrengung und Motivation mit Sicherheit Leiden vermeiden. Ist unsere Entschlossenheit stark genug und besitzen wir genügend Vertrauen, haben wir die Mittel und die

Kraft, die Ursachen des Leidens zu neutralisieren und sie an der Wurzel abzuschneiden. Und wenn wir je am Wert unserer Bemühungen zweifeln, brauchen wir uns nur unsere eigene Erfahrung und die der Menschen um uns herum anzuschauen, und wir erkennen, wie segensreich es für alle ist, wenn in der Welt das Mitgefühl blüht und gedeiht.

Achtsamkeit

Einfach völlig entspannt beobachten,
was geschieht,
bringt schon Kraft.
Jetsun Milarepa

Ein Großteil des Leidens in unserem Leben entsteht durch Mangel an Achtsamkeit. Tagtäglich schaffen Unwissenheit und mangelnde Achtsamkeit Probleme und bringen uns in schwierige Situationen. Sind wir jedoch achtsam, können wir Unheilsames zum Guten wenden und vernachlässigen und vergeuden auch das Heilsame nicht. Üben wir uns in der Praxis der Achtsamkeit, werden wir entdecken, dass wir alle Situationen leichter bewältigen können, dass unsere Arbeit fruchtbarer wird und sich unser ganzes Leben reicher und wertvoller gestaltet.

Einfaches, klares Gewahrsein in allen Erfahrungen befreit uns von den emotionalen Irrtümern, die so häufig Verwirrung und Leiden hervorbringen. Jedes Mal, wenn ungute Strebungen in uns aufkommen und zur Tat drängen, drosseln wir unser Tempo, bringen uns zur Ruhe und bemühen uns, genau eine Sache gründlich und vollständig zu erledigen. Das ist Achtsamkeit.

Wir müssen nicht religiös sein, um den Segen der Achtsamkeit zu erkennen. Sie bringt uns auf der weltlichen und der spirituellen Ebene Glück. Ob wir Visualisierungen üben oder nur die Straße überqueren: wie achtsam wir das tun, kann unser Wohlbefinden begründen. Wir können uns überall und jederzeit darin üben, bei der Arbeit, beim Essen, beim Autofahren, oder wenn wir in der Sonne sitzen.

Es geht also nicht um ein abstrakt philosophisches Konzept, sondern um etwas, das ein praktischer Teil unseres täglichen Lebens sein sollte. Es ist ein Fehler zu meinen, Meditation und Achtsamkeit hätten nichts mit dem zu tun, was wir sowieso machen, sagen und denken. Statt nach diesem achtsamen Geisteszustand außerhalb unserer täglichen Erfahrungen zu suchen, sollten wir uns bemühen, ihn überall und in all unsere Handlungen zu integrieren.

Sind wir uns der Bedürfnisse und Wünsche anderer stärker bewusst, gibt es weniger Spannungen und Konflikte bei der Arbeit, zu Hause und in unserem ganzen Leben. Mit Achtsamkeit werden wir beweglicher und anpassungsfähiger, verstehen andere Menschen besser und erkennen auch, wie sich unsere Worte und Handlungen vermutlich auf sie auswirken. Wenn wir uns angemessener verhalten und weniger anecken, können wir auch besser mit anderen Menschen zusammenarbeiten.

Das ist jedoch keine leichte Aufgabe. Unsere egoistische, selbstsüchtige Haltung in Fürsorge und Aufmerksamkeit für andere zu verwandeln erfordert sehr viel Bemühen. Wollen wir mit anderen in Harmonie leben, müssen wir lernen, unseren Geist zu zähmen und sie nicht zu verletzen, indem wir ärgerlich, wirr oder eifersüchtig reagieren. Selbst wenn wir uns schlecht fühlen, versuchen wir stets, achtsam zu sein, um andere nicht durch diese Negativität in Mitleidenschaft zu ziehen.

Nachlässiges und selbstsüchtiges Verhalten entsteht oft dann, wenn wir ohne Überlegung alles unmittelbar ausdrücken, was in uns vorgeht. Das heißt jedoch nicht, dass wir ständig unsere Gefühle unterdrücken sollten, denn damit schaffen wir lediglich einen inneren »Mülleimer« für all unsere unheilsamen Reaktionen. In diesem Fall sammeln wir so viel Gift in uns an, dass wir uns schließlich gewaltsam »erbrechen« müssen, und mit den Folgen nicht fertig werden. Stattdessen müssen wir lernen, unsere Gedanken und Gefühle in einer offeneren, klareren, weniger massiven Weise zu betrachten. Gehen wir so mit ihnen um, sammelt sich auch kein Müll mehr an.

Emotionale Impulse können und werden immer wieder entstehen; sind wir jedoch achtsam, können wir ruhig bleiben und müssen ihre schädlichen Aspekte nicht ausleben. Wir halten einfach inne und sind uns bewusst, dass Gefühle wie Wut oder Neid unheilsam sind und Folgen haben; so lassen wir uns von ihnen nicht mehr mitreißen. Neigen wir dazu, unsere Negativität und Böswilligkeit zu begründen und zu rechtfertigen, können wir diesen Fehler erkennen und ihm Einhalt gebieten.

Doch tatsächlich ist dieser einfache Übungsweg sehr schwierig, weil wir uns so viele Probleme geschaffen haben. Im 20. Jahrhundert wurden viele neue Maschinen gebaut und ganz neue Technologien entwickelt; unser Leben ist dadurch komplizierter, aber nicht einfacher geworden. Alles, was wir erfahren, ob wir es mögen oder nicht, haben wir selbst geschaffen, auch das geschäftige, aktive weltliche Leben, das wir führen. Dem Falschen und Komplizierten können wir aber entgegenwirken, indem wir die Dinge einfacher machen. Wie kann uns das gelingen?

Zuerst einmal beschäftigen wir uns immer nur mit einer Sache, statt mehrere Dinge gleichzeitig zu tun. Wir müssen mehr in der Gegenwart, im Jetzt, leben und nicht immer daran denken, was wir sonst noch tun könnten oder was wir als nächstes vorhaben. Und wir versuchen uns nicht ablenken zu lassen von dem, was wir um uns herum sehen, hören oder anderweitig wahrnehmen. In lockerer und entspannter Weise nehmen wir das Kommen und Gehen der Gedanken und Gefühle wahr und halten nicht an ihnen fest. Auf diese Weise wird unser Geist weniger umherschweifen und sich sorgen, und er wird weniger verstrickt sein in flüchtige Ideen und Gefühle oder sich von ihnen beeinflussen lassen. Dieses einfache, unvoreingenommene Gewahrsein hilft uns, besser zu verstehen, was wir tun und was um uns herum geschieht. Wie ein geschickter Koch aus wenigen Zutaten eine nahrhafte, ausgewogene Mahlzeit zubereiten kann, können auch wir lernen, aus dem Vorhandenen das Beste zu machen. Dann begehen wir nicht den Fehler, unser Leben komplizierter zu gestalten als es bereits ist.

Ein sehr guter Ausgangspunkt für die Entwicklung der Achtsamkeit ist die Sitzmeditation. Wir setzen uns einfach hin, entspannen uns, tun gar nichts und wenden unsere Aufmerksamkeit nach innen. Dann sehen wir klarer, was in unserem Geist vor sich geht, wie Verwirrung entsteht und wo unsere Fehler ihren Ursprung haben. Normalerweise sind wir so schnell, dass uns nicht wirklich bewusst wird, was gut und was schlecht ist oder wo wir etwas falsch machen. Genauso wie eine Cutterin einen Film in Zeitlupe abspult, Bild für Bild, um Fehler herauszuschneiden und Verbesserungen vorzunehmen, müssen auch wir das Tempo unseres Lebens verlangsamen, wenn wir das Gesamtbild verändern oder verbessern wollen. Indem wir nur beobachten und alles zu seiner Zeit kommen und gehen lassen, werden unsere Gedanken von ganz alleine langsamer. Weder weisen wir schlechte Gedanken wie ein Zensor zurück, noch lassen wir uns von vermeintlich guten Gedanken fangen und verweilen übermäßig lange bei ihnen. Wir beobachten einfach alles und reagieren nicht. Wir reduzieren unsere körperliche Aktivität und befreien uns von dem

Impuls zur sofortigen Reaktion auf jeden Reiz; so entwickeln wir ein ruhiges Gewahrsein, das schließlich all unsere Erfahrungen durchdringt.

Entwickeln wir unsere Achtsamkeit weiter, dann bleiben wir auch in sehr unruhigen, unangenehmen Situationen ruhig und gefasst und lassen uns von Trubel, Lärm, Hitze und Staub nicht beirren, ja nicht einmal von Menschen, die uns kränken oder in irgendeiner Weise Unrecht tun. Nichts kann mehr unseren Gleichmut stören oder erschüttern, und zu jeder Zeit und in allen Situationen sind wir friedlich und entspannt. Achtsamkeit ist zu einem angenehmen Zustand geworden, den wir vorbehaltlos genießen können.

Wir sollten uns um einen friedvollen Geist bemühen, uns verantwortlich fühlen für das, was wir sagen, tun und denken, so wie sich ein Botschafter für das Land verantwortlich fühlt, das er vertritt. Wollen wir Frieden haben, müssen wir uns um uns selbst kümmern. Wenn wir in uns Frieden entfalten, müssen wir danach nicht mehr in der Außenwelt suchen, und andere werden von unserem Beispiel lernen. Hat unser Geist Frieden gefunden, reagieren wir nicht mehr negativ, was immer auch geschieht.

Im Augenblick scheint uns diese Aufgabe schwierig, doch wir sollten wissen, dass es nichts gibt, was man nicht ändern kann. Da unser Geist bestimmt, wie wir unsere Umwelt wahrnehmen, können wir auch alles Leiden überwinden und zufrieden werden. Wir lernen, vor dem einen nicht davonzulaufen und uns an das andere nicht zu klammern; wir wissen, beide Zustände sind sowohl subjektiv als auch vergänglich. Was wir suchen, ist eine Ruhe, die jenseits der gewöhnlichen Freude und des gewöhnlichen Leids ist.

Dabei lernen wir auch geistig auszuruhen – nicht in einem dumpfen, halbbewussten Zustand, sondern in klarem Gewahrsein. Ein guter Künstler erkennt jede Einzelheit eines Bildes; er sieht aber auch das Gesamtbild und so entgeht ihm nichts. Doch es geht uns nicht nur um klares und genaues Sehen; wir müssen auch über die Erscheinungen hinausgelangen und uns der Nicht-Stabilität jedes Dinges bewusst sein.

Was immer uns begegnet, was immer wir durch die Sinne aufnehmen, ist aus winzigen Atomen und subatomaren Teilchen aufgebaut. Treffen sie aufeinander, entsteht Form; deren Existenz ist aber nicht getrennt von dem Raum, in dem sie erscheint; die Form hat keine wirklich stabile Existenz. Alles ist in Bewegung – es kann jederzeit aufgelöst, zerstört und neu angeordnet werden. In den letzten Jahren haben viele Experimente im Bereich der Teilchenphysik diese Sicht der physikalischen Welt bestätigt. Übungen wie zum Beispiel »Der Regenbogen« (siehe Seite xxx) helfen uns, die nicht-solide Natur aller Dinge zu erkennen und unser Anhaften an materielle Dinge zu lockern.

Achtsamkeit wird uns auch helfen, keine falschen Ideen und Wertvorstellungen mehr auf unsere Umwelt zu projizieren. Die Dinge der Außenwelt besitzen nur scheinbar eine eigene individuelle Existenz; in Wirklichkeit projizieren wir selbst Form oder Wert in diese Dinge. Solange unser Geist nicht völlig rein ist, scheinen unsere Projektionen sehr real, denn wir halten uns selbst für real. Wir erleben zum Beispiel keinen großen Unterschied zwischen Traumerfahrungen und Wacherfahrungen; die Intensität von Angst, Aufregung und anderen Gefühlen ist in beiden Zuständen häufig ähnlich. Wachen wir aus dem Traum auf und merken es, dann wissen wir, dass diese Erfahrungen nicht die gleiche Bedeutung und die gleichen Folgen haben wie Wacherfahrungen. In gleicher Weise können wir auch die Unwirklichkeit unserer Erfahrungen im Wachzustand verstehen, wenn sich unser Geist entwickelt. Ein entwickelter Geist wird oft als »erwacht« bezeichnet, denn er ist frei vom Schlaf der Unwissenheit und kennt die Unwirklichkeit jeder Erfahrung.

Noch ein weiteres bekanntes Beispiel beschreibt die Macht geistiger Projektionen, die Macht unserer Vorstellungskraft. Sieht man in einem schlecht beleuchteten Raum ein Seil, kann man es leicht für eine Schlange halten und sich fürchten. Unsere Angst vor dem Seil ist mit der vor einer echten Schlange identisch. Erkennen wir dann, dass es nur ein Stück Seil ist, verschwindet diese Angst. Das ist ein Beispiel dafür, wie alles »Gute« und »Schlechte« nur unsere eigene Projektion ist. Woran wir uns klammern und wovor wir uns fürchten, ist nur der Wert, den wir diesen Projektionen beimessen. Je mehr Wirklichkeit wir ihnen zugestehen, desto mehr Kraft besitzen sie.

Wie stabil und real unsere alltäglichen Erfahrungen auch scheinen mögen, man kann sie mit einem Zaubertheater, einer Theateraufführung oder einem Film vergleichen. Erkennen wir ihren unwirklichen und traumartigen Aspekt nicht, sind wir Gefangene unserer eigenen Vorstellungen. Werden wir mit der Zeit immer bewusster, verstehen wir allmählich, wie viele Hilfsmittel, Tricks und Spezialeffekte zusammenspielen, um die scheinbare Realität dieser Erfahrung zu verstärken. Dieses Wissen nimmt der Vorführung vielleicht ein wenig an Spannung, doch wir können ihren Reichtum, ihre Dramatik und Vielfalt immer noch genießen. Der Unterschied besteht in der Erkenntnis, dass all unsere positiven und negativen Gedanken und

Gefühle einfach ein Spiel des Geistes sind. So überwältigen sie uns nicht mehr, und wir vergessen auch nicht mehr unser Gefühl für Maß und Perspektive. Wer die wahre Natur des Geistes nicht erkennt, lebt ewig im Bann der Illusion. Es heißt, der Unterschied zwischen Erleuchtung und Nicht-Erleuchtung bestehe einfach nur darin, ob man sehen und verstehen kann oder nicht.

Die Freiheit, zum Wohle aller zu handeln, und das Wissen, wie man geschickt und angemessen hilft, hängen beide überwiegend davon ab, ob wir die Ansicht überwinden können, die Welt sei fest, real und substantiell. Sind wir von dieser begrenzten Sicht frei, wird unser Gewahrsein immer umfassender werden. Vom Erdgeschoss aus kann man zum Beispiel nur die nächste Umgebung sehen; vom Dach aus schon viel weiter. Von einem Berggipfel aus kann man viele Dächer überblicken, von einem Flugzeug jedoch werden weitläufige Gebiete und ganze Länder sichtbar.

Wahrnehmung und Verständnis eines weisen Menschen beschränken sich also weder auf die eigenen Angelegenheiten noch auf eine starre, unnachgiebige Weltanschauung. Mit Distanz und Objektivität können wir Situationen klarer beurteilen, wie sie sind, und Bedürfnisse und Probleme aller wahrnehmen. Mitfühlendes Gewahrsein dieser Art befähigt uns, je nach Situation die jeweils angemessenen Methoden zu wählen. In unserer Verantwortung liegt es, unsere Wachsamkeit zu stärken, die Gesamtsituation zu überblicken, bereit zu sein, anderen in ihrer Problematik beizustehen und nicht engstirnig zu denken und zu handeln. Ein solches Verhalten kommt allen zugute.

Dieses Maß an Achtsamkeit erfordert jedoch beharrliche Pflege; wir müssen uns immer wieder neu dafür entscheiden.

Das ist schwierig, aber möglich. Wenn wir beispielsweise jemanden lieben, sind wir in der Lage, uns jeder Bewegung und jeder Handlung dieses Menschen zu jeder Tageszeit bewusst zu sein. Wir wissen, mit wem er zusammen ist und mit wem er gerade spricht, und können uns leicht jede seiner Bewegungen vorstellen. Diese intensive Bewusstheit bezieht sich dann zwar nur auf einen sehr eingeschränkten Bereich, ist aber eine Form von Achtsamkeit. Wenn wir uns keine Achtsamkeit zutrauen, sind wir einfach faul und betrügen uns selbst. Sind unsere Motivation und Hingabe stark genug, können wir unsere Wahrnehmung und Achtsamkeit ausdehnen, bis sie alle einschließen, nicht nur die Personen, mit denen wir uns sehr verbunden fühlen.

Wir können die Zähmung des Geistes einmal am Beispiel eines Wildpferdes veranschaulichen. Ein Pferd zu zähmen erfordert sehr viel Sorgfalt. Wenn wir es einsperren oder selbst wütend werden, wird es unruhig, neurotisch oder störrisch, und wir werden vermutlich mehr Schaden anrichten als Gutes erreichen. Vielleicht lässt sich das Pferd dann gar nicht mehr zähmen. Wir gehen richtig vor, wenn wir liebevoll, sanft und geduldig sind und es auch ab und zu, frei herumlaufen lassen, jedoch nicht allzu oft. Das Pferd wird auf diese einfühlsame Behandlung positiv reagieren. Es lernt, uns zu vertrauen, und kehrt zurück, wenn wir es rufen, da wir in jeder Situation gleichzeitig bestimmt und gerecht sind; wir sind konsequent, aber nicht starr, und verbieten ihm seine natürliche Spontaneität nicht. Wollen wir ein Pferd zähmen, müssen wir zuerst Freundschaft mit ihm schließen. Das gleiche gilt für unseren Geist. In beiden Fällen sind sowohl Mitgefühl als auch Achtsamkeit unerlässlich.

Wie sollen wir also reagieren, wenn wir uns für unachtsam

halten oder nicht so ruhig und friedlich meditieren können, wie wir es gerne würden? Zuallererst: Es gibt keinen Grund zur Panik. Letztlich gibt es keine guten oder schlechten Gedanken, und unsere Stimmungen und geistigen Zustände sind sehr viel weniger dauerhaft und greifbar, als sie uns erscheinen. Wir brauchen auf die vielen Gedanken und Gefühle, die Verwirrung und Unsicherheit nach sich ziehen, auch nicht überzogen zu reagieren. Wir versuchen einfach, uns zu entspannen, und betrachten das Spiel des Geistes. Wollen wir allerdings etwas Bestimmtes visualisieren oder gezielt eine bestimmte Eigenschaft wie beispielsweise Mitgefühl entwickeln, sollten wir den schweifenden oder ungezügelten Geist sanft zum Thema zurückführen.

Im täglichen Leben sind wir aufmerksam für das, was wir gerade tun, wo wir gerade sind, und wir beschäftigen uns nicht zu sehr damit, was in unserem Geist geschieht. Wir weisen unseren Gedanken die richtige Richtung, erzwingen aber nichts. Die Zügel helfen dem Reiter, die Bewegungen des Pferdes zu spüren und zu beeinflussen, und es – wenn nötig – ein wenig zu führen. Zieht der Reiter aber zu fest daran, leistet das Pferd vielleicht Widerstand. Wir müssen uns also stets um ein Gleichgewicht bemühen zwischen Unterdrückung des Geistes und zu großer Freiheit. Wir lernen, unseren Gedanken akzeptierend und natürlich zu begegnen; weder sind wir zu angespannt noch zu locker. So folgen Meditation und Achtsamkeitsübung dem breiten und sicheren Weg – dem Weg der Mitte.

Der Geist ist ein sehr fruchtbarer Boden. Was wir dort anpflanzen, wird wachsen und schließlich Früchte tragen. Verstricken wir uns während der Meditation in negative Gedanken über andere Menschen, wird unsere Einstellung ihnen gegenüber im täglichen Leben davon bestimmt und beeinflusst. Solche Tendenzen sind Ausdruck eines unkontrollierten Geistes und können viel Schaden anrichten. Unser Ziel ist die Entwicklung und Pflege des erwachten Geisteszustandes, also müssen wir darauf achten, diese Absicht nicht durch unsere Praxis zu gefährden und zu verletzen.

Wir können leicht erkennen, was an unseren Gedanken hässlich und falsch ist; versuchen wir aber, diese Unreinheiten umzuwandeln, dann neigen unsere Gedanken zu einem Rückfall in den vorigen Zustand. Praktizieren wir Visualisierungen oder andere Übungen, machen wir anfangs vielleicht gute Fortschritte, unsere alten Gewohnheiten behalten aber weiterhin einen starken Einfluss. In dieser Hinsicht ist unser Geist wie ein Gummiband: Wir dehnen ihn ein bisschen, und wenn wir ihn loslassen, springt er wieder zurück. Ein Stück Gummiband würden wir festnageln, um das zu verhindern, und genauso müssen wir bei der Schulung des Geistes starke Disziplin üben; dann reagieren wir nicht mehr auf die alte, automatische und schädliche Art, wenn wir schwierigen Umständen begegnen, sondern bewahren unsere guten Absichten.

Schwierigkeiten können allerdings auch fruchtbar sein. Durch sie verstehen wir besser, wie unser Geist funktioniert, sie helfen uns, Schwächen aufzudecken, die wir manchmal lieber ignorieren würden, und erinnern uns an die Arbeit, die noch zu tun bleibt. Üben wir beharrlich weiter, werden uns allmählich neue, heilsame Strebungen ebenso vertraut, wie es die alten, schädlichen waren, bis schließlich das Positive das Negative überwiegt und wirksam aufheben kann.

Stoßen wir also auf Hindernisse, nützt es nichts, mit der Hoffnung schlafen zu gehen, sie wären beim Aufwachen wie durch ein Wunder verschwunden. Damit würden wir nur die deutlichen Hinweise dafür ignorieren, dass wir tiefer in uns selbst hineinschauen müssen. Auch wenn es uns nicht behagt, müssen wir es tun, wenn wir uns weiterentwickeln wollen. Von klein auf haben wir versucht, über unsere negativen Seiten hinwegzusehen oder sie zu vergessen, und haben gleichzeitig unsere guten, aufrichtigen und liebenswerten Eigenschaften hochgespielt und sie vielleicht sogar größer gemacht, als sie sind. Es ist klüger, wenn wir uns dem, was mit uns nicht stimmt, stellen und es entsprechend verändern.

Wir müssen also ehrlich mit uns sein, aber auch geduldig. Über lange Zeit sind wir so geworden, wie wir heute sind; wir können nicht erwarten, dass wir über Nacht besser werden. Wir alle machen so lange Fehler, bis wir sie überwunden haben. Unser Ziel besteht darin, alle Aspekte unserer Erfahrung für unsere Entwicklung zu nutzen. Unser spirituelles Wachstum wird von den negativen wie den positiven Aspekten unserer Erfahrung vorangetrieben, so wie ein Feuer brennt, gleichgültig, ob es mit Holz, teurem Räucherwerk oder nutzlosem Müll unterhalten wird.

Wir tragen in uns die Fähigkeiten, das zu sein, wofür wir uns entscheiden. Ein friedliches, wertvolles Leben zu unserem Wohl und dem anderer liegt sicherlich innerhalb unserer Möglichkeiten. Der erste Schritt in diese Richtung besteht darin, unser Leben so einfach zu gestalten, dass alles, was wir erleben, die Übung der Achtsamkeit anregt und uns nicht verwirrt. Einfache Tätigkeiten wie Sitzen, Stehen, Gehen und Sprechen oder unsere Einstellung zu Sauberkeit und Ordnung ignorieren wir leicht, und doch ist all das so grundlegend, weil es unsere sämtliche Aktivitäten bestimmt.

Ob uns nun jemand zuschaut oder nicht: Uns sollte stets bewusst sein, was in uns geschieht, und wir müssen uns davor hüten, im täglichen Leben achtlos oder unaufmerksam zu sein. Dann fügen wir anderen keinen Schaden zu. Unser Ziel ist es, nach und nach Achtsamkeit zu entwickeln und das Mitgefühl und die Herzensgüte zu erwecken, die wir bereits in uns tragen. Dazu sind wir alle fähig.

Die Übungen

Einführung

Eile mit Weile, und du bist bald am Ziel.

Jetsun Milarepa

Der zweite Teil dieses Buches besteht aus praktischen Anleitungen zur Entwicklung des Geistes; sie helfen uns, die Erklärungen im ersten Teil umzusetzen. Diese Übungen tragen dazu bei, unseren Geist zur Reife zu bringen und Mitgefühl zu entwickeln. Einige Übungen beschäftigen sich mit Leiden, negativen Gefühlen und Feindschaften, mit Umständen also, die wir normalerweise lieber vermeiden. Lernen wir jedoch, uns solchen Situationen zu stellen, können wir uns mit schmerzhaften Erfahrungen immer angemessener auseinandersetzen.

Seit unserer Geburt haben wir viele schlechte Gewohnheiten entwickelt, die Leiden nach sich ziehen. Man hat uns beigebracht, ein starkes Ego zu schätzen, und wir wenden viel Energie auf, es zu stärken und zu befriedigen. In der Schule lernen wir wie man handeln und reagieren soll; man bringt uns bei, was wir sagen sollen und was richtig oder falsch ist. Eltern und Gesellschaft bringen uns bei, uns auf bestimmte Weise zu verhalten und die Dinge zu sehen wie sie.

Vieles von dem, was wir in jungen Jahren gelernt haben, ist durchaus nützlich, und durch richtige Analyse können wir mit der Zeit klarer erkennen, was wir beibehalten wollen und was nicht notwendig ist. Wir finden die Ursachen für unsere schlechten Gewohnheiten heraus und können so falsches Verhalten von Körper, Rede und Geist korrigieren. Lassen wir diese Belehrungen tief auf uns einwirken, können wir umlernen und mehr Mitgefühl und Verständnis entwickeln. Unser Leben gewinnt dadurch an Wert und Sinn.

Die Hektik der westlichen Gesellschaft bringt besondere Lebensprobleme hervor. Wir haben nicht die Muße, die Dinge gründlich zu verdauen, und nicht den Abstand, sie klar zu erkennen. Wir sind in unsere Belange völlig verstrickt und türmen Berge von Problemen auf, statt uns dann mit ihnen auseinanderzusetzen, wenn sie auftauchen.

Sich Schmerzen und Schwierigkeiten zu stellen ist nicht vergnüglich, doch sollten wir ihnen nicht ständig aus dem Weg gehen. Wir schaffen viel Leid, wenn wir ununterbrochen Angenehmes erleben wollen, denn das ist unmöglich. Jedes Vergnügen führt zu Leiden, wenn wir es übertreiben. Beispielsweise kann Essen für jemanden, der gerne gut und isst und keiner Gelegenheit zum Essen widerstehen kann, krankhafte Züge annehmen. Auch das gegenteilige Extrem gilt es zu überwinden, den Versuch, Dinge aus dem Gefühl heraus zu vermeiden oder abzuwehren: »Dazu habe ich keine Lust«, »Das ist deren Problem, nicht meins« oder: »Mit diesem Menschen will ich nichts zu tun haben«. Wir wollen die Extreme von übertriebenem Vergnügen und übertriebener Abwehr überwinden und echte Ausgeglichenheit in unser Leben bringen.

Reagieren wir überzogen, wenn etwas gut oder schlecht läuft, bringt das uns und den Menschen um uns Leiden. Wir müssen also unseren Geist schulen, um unabhängig von äußeren Umständen unser Gleichgewicht zu finden. Wir können diesen Vorgang mit dem Training eines Pferdes vergleichen, das Angst vor dem Knistern des Feuers hat: Gewöhnen wir das Pferd allmählich an das Knistern, erschrickt es nicht mehr und gerät nicht mehr in Panik. Stellen wir uns in der Meditation immer wieder Ärger und Schmerz, dann können wir mit der Zeit auch im Alltag mit diesen Gefühlen besser umgehen.

Mit den folgenden Übungen schaffen wir für uns einen Raum, der uns erlaubt, schwierige Situationen besser zu verstehen und uns in ihnen angemessener zu verhalten. Durch die Übung zur Visualisierung von vielfarbigem Licht lernen wir beispielsweise, mit negativen Gefühlen, die uns oft überwältigen, umzugehen.

Mit den Freund-Feind-Meditationen lernen wir, eingefahrene Vorstellungen über Freund und Feind zu überwinden. Oft kann uns eine Person, die uns feindlich gesinnt ist, Geduld und Mitgefühl besonders gut lehren. Unsere sogenannten Freunde halten uns hingegen leicht von der inneren Weiterentwicklung ab, da sie unser Festhalten verstärken und sich besitzergreifend verhalten.

Diese Übungen zur Schulung des Geistes sind eine Art Therapie. Der Begriff »Therapie« wirkt im ersten Moment vielleicht merkwürdig, aber Therapie ist eigentlich etwas sehr Alltägliches. Alles, was wir tun, kann therapeutisch wirken. Unser Essen, unsere Kleidung, die Farben, die wir für unsere Umgebung aussuchen, die Töne, die wir von uns geben, all das kann zu Medizin werden und uns heilen. Bewusste »Therapie« ist notwendig, wenn wir unsere eigene Natürlichkeit und unsere instinktive Menschlichkeit vergessen haben. Durch zuviel Studium und Ausbildung verlieren wir leicht den Kontakt zu unserem Leben, unseren Freunden und unserem Körper. Therapie ist nicht nur etwas für Kranke. Ihr braucht euch auch nicht zu schämen, weil es euch interessiert. Therapie kann uns helfen, ausgeglichener und sinnvoller zu leben.

Auch Meditation ist nichts grundsätzlich Neues. Fassen wir

den Begriff Meditation weit genug, kann sie jede Form von Entspannung miteinschließen. So gesehen meditieren alle Menschen und Tiere; in der Regel ist ihnen aber nicht bewusst, was sie tun, und deshalb wissen sie auch nicht, wie sie bei ihrer Meditation weiterkommen können.

Sind wir nach einer schweren körperlichen Arbeit durstig und setzen uns zu einer Tasse Tee hin, tut uns das gut, und wir entspannen uns. Wir können das »Therapie« oder »Meditation« nennen. Sitzen wir aber den ganzen Tag herum und trinken eine Tasse nach der anderen, tut uns die zwanzigste Tasse nicht mehr gut und wirkt auch nicht mehr entspannend, sie kann sogar schädlich sein.

Die Menschen im Westen erfahren heutzutage großes seelisches Leiden. Viele Menschen brauchen nicht mehr körperlich zu arbeiten, und gleichzeitig machen sie sich immer mehr Sorgen. Wenn wir ein Gespür für Therapie entwickeln und tagtäglich der natürlichen menschlichen instinktiven Neigung nach einem ausgeglichenen Verhältnis von Körper und Geist folgen, werden wir andere Erfahrungen machen und unsere Einstellung ändern. Wenn wir Meditation richtig verstehen und richtig praktizieren – und uns in jedem Augenblick bewusst ist, was wir tun, sagen, fühlen und denken –, bringt sie uns tiefgreifenden, dauerhaften Gewinn.

Arbeiten wir mit diesen Übungen, muss uns bewusst sein, dass sich alles ständig ändert und dass kein Buch den unterschiedlichen und sich ändernden Bedürfnissen all seiner Leserinnen und Leser gerecht werden kann. Damit sind einem Buch Grenzen gesetzt. Dennoch können diese Übungen einen allgemeinen und nachvollziehbaren Weg aufzeigen, wie der Geist reifen und Schwierigkeiten besser meistern kann.

Immer wenn wir versuchen, etwas Sinnvolles zu erreichen, können Probleme auftreten. An manchen Tagen verspüren wir das starke Bedürfnis, nicht zu üben oder die Praxis ganz aufzugeben. Zwar hat es keinen Wert, uns zu etwas zu zwingen, aber wir sollten versuchen, unseren Geist zur Disziplin anzuhalten. Diese Disziplin raubt uns nicht unsere Freiheit, sie ist vielmehr eine Methode, uns der Kontrolle negativer Gefühle zu entziehen. So können wir in unserem Leben größere Freiheit erfahren.Manchmal sind wir vielleicht zu unruhig für unsere Therapieübungen oder Meditationen. Jeder Versuch der Entspannung verstärkt dann nur unsere Nervosität, Verzweiflung oder sonstigen negativen Stimmungen. In diesem Fall ist es besser, wenn wir uns körperlich betätigen, vielleicht einen Spaziergang machen, im Garten arbeiten oder liegengebliebene Hausarbeit erledigen. Es ist sehr wichtig, natürlich und bodenständig zu bleiben und unseren gesunden Menschenverstand nicht zu vergessen.

Am klügsten ist es, wenn wir alle Übungen nacheinander durchführen und uns mit jeder einzelnen gründlich befassen, bevor wir uns der nächsten zuwenden. Gehen wir so vor, gibt es keine Probleme. Mit jeder Übung machen wir neue Erfahrungen. Jeder Schritt ist wichtig. Um den vollen Nutzen zu erfahren, müssen wir uns klar machen, dass die gesamte Übungsfolge eine Einheit darstellt, so wie auch Hände, Arme, Beine, Kopf, Rumpf usw. einen vollständigen Körper bilden. Wir sollten keine Übung nur deshalb auslassen, weil wir gerade keine Lust dazu haben. Probieren wir nur die aus, die uns gerade zusagen, werden wir nicht den vollen Nutzen aus ihnen ziehen können.

Es lohnt sich, Zeit und Energie in diese Übungen zu stecken. Selbst wenn wir sehr eingespannt sind, finden wir die notwendige Zeit, wenn uns wirklich daran liegt. Ist uns der Wert dieser Übungen klar, dann finden wir auch Zeit dafür, so wie die Menschen, die frühmorgens joggen. Menschen, die gerne trinken, finden immer Zeit, in die Wirtschaft zu gehen, und auch wir können ohne große Mühe Zeit für die Übung und Entwicklung unseres Geistes finden. Je weiter wir uns einlassen, desto mehr erreichen wir, auch ohne gleich fanatisch zu werden. Ansonsten ist ein wenig Praxis immer noch besser als gar keine. Sogar das Durchlesen der Anleitungen hat einen gewissen Wert und führt vielleicht dazu, dass wir die Übungen zu einem späteren Zeitpunkt praktizieren oder verstehen.

Wir sollten uns keine Sorgen machen, wenn wir mit einigen Übungen gut zurechtkommen und mit anderen nicht. Solange wir ohne feste Erwartungshaltung unser Bestes geben, ist alles in Ordnung. Wir sollten uns durch Schwierigkeiten nicht entmutigen lassen, sondern uns bemühen, sie zu überwinden. Haben wir allerdings den starken Eindruck, nur noch mit uns oder der Übung zu kämpfen, ist es sinnvoll, ein oder zwei Tage zu pausieren. Setzen wir uns zu sehr unter Druck, kann das mehr schaden als nützen. Es ist besser, die Übungen dann durchzuführen, wenn unser Geist weniger angespannt ist; wir können auch stets zu den ersten drei Übungen, »Entspannen«, »Spüren« und »Das goldene Licht des universellen Mitgefühls« zurückkehren, wenn uns die anderen zu schwer fallen.

Haben wir bei den Übungen viele Gedanken, brauchen wir uns deswegen keine Sorgen zu machen; wir entspannen uns einfach und kehren zum Gegenstand unserer Meditation zurück, sobald wir die Ablenkung bemerken. Wenn nötig, können wir eine kleine Pause einlegen, oder wir machen eine Entspannungsübung, bevor wir es von neuem versuchen. Wir müssen den mittleren Weg herausfinden zwischen Strenge und Nachgiebigkeit mit uns selbst.

Viele Übungen enthalten Visualisierungen einer Kugel aus goldenem Licht. In diesem Zusammenhang verstehen wir die Lichtkugel nicht als eine einfache Form, sondern als Verkörperung der Möglichkeit, die Negativäten des eigenen Geistes vollständig überwinden und einen Zustand allumfassenden Mitgefühls und völliger Wachheit erreicht zu können. Spürt ihr aber einen religiösen oder intellektuellen Widerstand oder fühlt euch unbehaglich bei der Visualisierung einer Lichtkugel, könnt ihr euch statt dessen die Essenz des allumfassenden Mitgefühls* als Buddha oder Christus vorstellen oder wer immer für euch diese Qualitäten verkörpert.

Wir wollen mit den hier vorgestellten Meditationen nichts Außergewöhnliches erreichen; sie sollen einfach dabei helfen, mit der Vielfalt alltäglicher Situationen zurechtzukommen. Schauen wir uns genau an, wie wir uns verhalten, können wir unsere Entwicklung selbst beurteilen. Fällt es uns zunehmend leichter, mit schwierigen Situationen umzugehen, sind wir auf dem richtigen Weg. Dabei brauchen wir Geduld, und wir dürfen keine sofortigen Resultate erwarten, denn es ist nicht leicht, die tief sitzende Gewohnheit der Ego-Anhaftung zu überwinden. Es hilft, wenn wir daran denken, dass unsere Praxis nicht nur für uns und nicht nur im Augenblick wichtig ist, sondern dass sie dem Wohl aller und dem all unserer zukünftigen Leben dient. Auch wenn wir nur langsam vorankommen, können wir darauf vertrauen, dass wir auf dem richtigen Weg sind.

---

* Engl.: »Universal compassion«: Allumfassendes oder universelles Mitgefühl werden in der deutschen Übersetzung synonym gebraucht. (U.K.)

Es ist eine große Hilfe bei all diesen Übungen, wenn wir uns entspannen und einfach alles annehmen, was wir fühlen. Ein entspannter Geist ist eine gute Voraussetzung dafür, zu reifen und Stabilität zu entwickeln.

Erkennen wir trotz geduldiger Praxis keine positive Entwicklung im Umgang mit uns und den alltäglichen Situationen, sollten wir vielleicht versuchen, von einem guten Lehrer oder einer Lehrerin eine Anleitung zu bekommen oder die Unterstützung einer Gruppe suchen. Allerdings sollten wir uns genau über die Organisation oder den Lehrer informieren, bevor wir ihnen vertrauen. Ihr könnt euch auch an die in dieser Methode ausgebildeten Kursleiter und Therapeuten wenden (Kontakt über das Tara Rokpa-Büro, siehe Anhang).

Viele der Schwierigkeiten, die im Laufe dieser Arbeit entstehen, können zumindest von einigen Menschen durch den Kurs »Zurück zu den Anfängen« geklärt werden (siehe Anhang). Dabei betrachten wir unser Leben sehr gründlich und in allen Einzelheiten, so langsam wie nötig, um uns unseren alten Erinnerungen stellen und die gegenwärtige Bedeutung unserer früheren Erfahrungen erkennen zu können. Zweieinhalb Jahre lang sichten wir unsere Lebenserfahrungen und versuchen sie zu verstehen; wir gehen dabei von der Gegenwart zurück bis zum Alter von einem Jahr, dann wieder vorwärts und schließlich noch einmal rückwärts bis zum Alter von einer Woche. Dann untersuchen wir die Zeit von der Empfängnis bis zur Geburt. Der Wert dieses Vorgehens liegt in der Erkenntnis, wie das Vergangene unsere gegenwärtige und zukünftige Lebensgestaltung beeinflusst. Viele Menschen fühlen sich von dem Thema Geburt entweder magnetisch angezogen oder reagieren mit Abwehr. In diesem Prozess verwenden wir 130 Wochen darauf, unser Leben zu verstehen und befassen uns dann eine Woche lang mit dem Leben unmittelbar vor und während der Geburt. ssMit anderen Worten, die Geburtserfahrung ist keine große Sache. Es geht dabei eher um ein Ritual, mit dem wir die schlechten Gewohnheiten der Vergangenheit hinter uns lassen.

Der Schlüsselbegriff in diesem Zusammenhang ist »Mitgefühl durch Verstehen«. Es geht um Mitgefühl für uns und andere. Besondere Schwierigkeiten bereitet uns dabei die Klärung von Schuldzuweisungen; die meisten Menschen weichen diesem Prozess aus und möchten am liebsten nichts damit zu tun haben. Ein Beispiel dafür ist unser Umgang mit Ärger, der durch eine Erinnerung entsteht. Ihr gebt erst eurer Wut und euren Anklagen Ausdruck und versetzt euch dann so gut ihr könnt in die Lage der Person, auf die ihr wütend wart; dann versucht ihr, die Situation von ihrem damaligen Standpunkt und mit ihren Augen zu sehen. Versteht ihr dann, was damals mit der Person geschah und wie sie sich fühlte, dann könnt ihr gar nicht mehr wütend sein, und Wut und Leiden lösen sich auf. Ihr versöhnt euch mit dem Geschehen und seid frei von der Last eures Grolls.

Ein anderer therapeutischer Ansatz, der Menschen bei den hier vorgestellten Übungen geholfen hat, ist die »Arbeit mit den Elementen«. Die fünf Elemente – Erde, Wasser, Feuer, Luft und Raum – sind sehr wichtig. Die Schönheit dieser Methode liegt in ihrer Einfachheit. Ihr könnt das, was in euch geschieht, auf die Außenwelt beziehen – auf die natürlichen Zusammenhänge, die in euch und draußen in der Natur aus dem Gleichgewicht geraten sind. Zur Zeit sind viele Menschen sehr empfänglich für »grüne« Themen, doch wenn unsere innere Ökologie nicht im Gleichgewicht ist, tragen wir nur noch weiter zur Umweltverschmutzung bei. Denn auch wir bestehen aus den fünf Elementen.

Haben wir alle Übungen durchgeführt, kann uns jede einzelne dabei helfen, auftauchende Schwächen und Hindernisse zu überwinden. Jede Person kann sie so einsetzen, wie es ihr angemessen und sinnvoll erscheint. Die Übungen können Menschen auf einem spirituellen Weg dabei helfen, ernsthaft und wirkungsvoll zu meditieren, ohne durch negative Geisteszustände behindert zu werden.

Die Einsichten, die wir durch die Übungen entwickeln, sollten wir praktisch anwenden. Es hilft nicht viel, wenn wir eine Stunde über Mitgefühl meditieren, dann aufstehen und einen Streit anfangen. Was wir gelernt haben, sollte uns zur zweiten Haut werden und nichts von uns Getrenntes. Was wir verstanden oder erreicht haben, sollten wir unbedingt dem Wohl aller widmen. Es ist gut, wenn wir am Ende jeder Übung die guten Erfahrungen bewusst mit allen teilen. Wir sollten etwa Folgendes denken:

Mögen wir unser Verständnis und unseren positiven Geist, den wir erlangt haben, in unserem Leben anwenden und alle daran teilhaben lassen, vor allem die Menschen, die körperlich oder seelisch leiden. Mögen sie ihr Leid überwinden oder damit umgehen können, nicht aus unserer eigenen Kraft, sondern durch die Kraft der universellen Wahrheit. Mögen alle Wesen glücklich sein.

FRAGE: Sollten wir uns bei den Übungen davor hüten, unsere Ziele zu hoch anzusetzen?

RINPOCHE: Überzogene Erwartungen in Bezug auf mögliche Ergebnisse nützen nicht viel – es wird etwas erzwungen. Sinn der Übungen ist es, sie zu einem integralen Bestandteil des täglichen Lebens zu machen; es geht nicht um eine plötzliche Veränderung von Schwarz zu Weiß.

FRAGE: Wenn Sie von der Erziehung zu einem starken Ich oder Ego sprechen, das durch die Erziehung gestärkt wird, ist damit ein starkes Identitätsgefühl gemeint? Gibt es auch positive Aspekte des Ich? Brauchen wir es nicht, um die anfallenden Aufgaben im Alltag zu bewältigen?

RINPOCHE: Ich meine, wir brauchen eine Art objektives Ich, ein Gefühl, das uns sagt: »Ich muss in diese Richtung gehen; ich muss das erreichen«. Haben wir aber diese Stufe erreicht, müssen wir bereit sein, dieses Ich aufzugeben, genauso wie wir ein Paar abgetragene Schuhe wegwerfen – wir dürfen uns nicht daran klammern. Eine bestimmte Art von Ich ist also am Anfang notwendig; sobald wir die angestrebten Veränderungen erreicht haben, brauchen wir kein Ich, keine Form von »ich« mehr.

FRAGE: Möchte jemand aus irgendwelchen Gründen nicht die goldene Lichtkugel visualisieren, kann man sich dann auch Jesus oder Buddha vorstellen oder einen anderen großen Lehrer, an den man glaubt?

RINPOCHE: Ja, gewiss. Sprechen wir von Buddha, meinen wir eine Person, die alle Qualitäten eines Buddha hat; die vollkommen erleuchtet und rein, voller Hingabe und grenzenlosem Mitgefühl ist. Verkörpert Jesus für jemanden all diese Qualitäten, hat ihn zu visualisieren den gleichen Wert wie die Visualisierung des Buddha.

FRAGE: Haben wir die Übungen eine Zeit lang regelmäßig durchgeführt und setzen dann aus irgendwelchen Gründen mehrere Wochen oder Monate damit aus, sollten wir dann besser wieder von vorne anfangen oder können wir dort weitermachen, wo wir aufgehört haben?

RINPOCHE: Das hängt vor allem davon ab, wieviel ihr von den Übungen profitiert habt. Habt ihr eures Erachtens schon genug aus den bereits abgeschlossenen Übungen gelernt, könnt ihr durchaus mit der nächsten anfangen; habt ihr aber die Möglichkeiten der Übungen noch nicht ausgeschöpft, ist es sinnvoller, noch einmal von vorne zu beginnen.

FRAGE: Wie kann man Fehlentwicklungen vermeiden – sich auf Erreichtes etwas einzubilden zum Beispiel oder ähnlich verkehrte Einstellungen zur Praxis? Kann sich die Praxis negativ auswirken, wenn man ohne Lehrer, nur nach dem Buch vorgeht?

RINPOCHE: Wenn ihr euch in eurem ganzen Leben noch nie genauer analysiert habt, dann tragt ihr von klein auf ein bestimmtes Selbstbild mit euch herum. Dieses Selbstbild trifft möglicherweise nicht den Kern der Sache – vor allem dann, wenn ihr nie eine Rückmeldung von anderen bekommen habt. Vielleicht bildet ihr euch ein: »Ich bin die Kraft des Lichtes«, oder etwas in der Richtung. Das kann ein großer Fehler sein. Es hilft uns dann sehr, wenn uns andere sagen: »So gut, so schön, so wunderbar, wie du glaubst, bist du nun auch wieder nicht«; denn das hält uns davon ab, weiterhin an falschen Vorstellungen über uns festzuhalten. Auch ein Lehrer kann uns vor dieser Falle bewahren, indem er unsere Illusionen aufdeckt und uns den rechten Weg zeigt. Wir können sicherlich in die Irre gehen, wenn wir uns nur an das Buch halten und dabei alles aus der Sicht unseres

Selbstbildes betrachten – wenn wir so vorgehen, nützt das nicht viel.

FRAGE: Wie kann man diese Probleme ohne Kontakt zu einem Lehrer oder einer Lehrerin vermeiden?

RINPOCHE: Versucht einfach, immer mehr Mitgefühl zu entwickeln, und lasst euch davon leiten – bis ihr jemanden trefft, der oder die diesen Ansatz kennt.

FRAGE: Ist es immer ein Zeichen falscher Praxis, wenn negative Gefühle und Probleme auftauchen, oder kann auch die Therapie das Hochkommen solcher Tendenzen fördern?

RINPOCHE: Das ist schwer zu sagen – es kann eines von beiden sein oder auch beides. Negative Gefühle waren vielleicht schon die ganze Zeit da, ihr habt sie nur aus Unachtsamkeit nicht wahrgenommen. Nehmt ihr euch selbst zu wichtig und seht nur die Seiten, die ihr sehen wollt, können durch die Selbstanalyse plötzlich negative Gefühle, eure anderen Seiten, sichtbar werden. Das kann uns etwas den Mut nehmen – doch, wie dem auch sei, ob es um gute oder schlechte Erfahrungen geht, solange man Gefühle aller Art nicht allzu wichtig nimmt, sondern sich einfach seiner Gedanken und Gefühle bewusst ist, entstehen nach meinem Dafürhalten keine langfristigen Probleme.

FRAGE: Heutzutage bieten alle möglichen Menschen alle möglichen Arten von Therapie an. Kann man diese in der Regel als sinnvoll ansehen, und inwiefern unterscheiden sie sich von Ihrem buddhistischen Ansatz?

RINPOCHE: Ich kann hier nicht für andere sprechen, aber ich bin sicher, dass viele Menschen Therapien anbieten, die anderen nützen, und das kann man nur begrüßen. Einige Therapien sind vielleicht nicht sehr wirksam und wieder andere sogar schädlich. Ausschlaggebend ist die Motivation des Therapeuten, denn natürlich beeinflusst der Therapeut die Therapie in hohem Maße. Ihre positive Wirkung hängt daher von der Erfahrung des Therapeuten ab; vielleicht hat jemand einfach ein bestimmtes Verfahren erfunden, weil er sonst nichts anzubieten hat und sich auch nicht auf eine bestimmte Tradition bezieht. Der buddhistische Therapieansatz hat die Zähmung des eigenen Geistes zum Ziel. Hat jemand persönliche Erfahrungen damit gesammelt, wie man den eigenen Geist zähmt, kann er oder sie auch anderen dabei helfen.

FRAGE: Wie kann ich meine Motivation und mein Bedürfnis zu praktizieren stärken? Ich bin sehr von der Notwendigkeit der Praxis überzeugt, doch halten mich Faulheit und geistige Blockaden immer wieder davon ab.

RINPOCHE: Versucht stets, euer Bestes zu geben; wartet nicht, bis ihr vollkommen seid. Wenn ihr anderen helft, helft ihr auch euch selbst. Macht ihr Fehler, könnt ihr daraus lernen; gerade durch Fehler lernt ihr, besser mit euch umzugehen. Es ist besser, zu helfen, so gut man kann, und den Menschen beizustehen, die Hilfe brauchen, statt ständig zu sagen: »Ich würde ja gerne helfen, aber ich bin noch nicht ganz so weit.«

FRAGE: Was ist der Unterschied zwischen Therapie und Meditation, und in welcher Beziehung stehen sie zueinander?

RINPOCHE: Therapie und Meditation sind gar nicht so verschieden. Wie zuvor gesagt, soll Therapie zur Heilung führen. Hat man sich in den Finger geschnitten, ist es Therapie, wenn wir ein Pflaster auf die Wunde kleben; gleichzeitig lernt man, sich das nächste Mal nicht zu schneiden. Somatische Therapie kümmert sich um die körperliche Seite des Menschen; jede Form der Therapie für den Geist ist eine Art Meditation.

FRAGE: Heißt das, jede Person, die richtig meditiert, macht dadurch auch eine Therapie?

RINPOCHE: Ja. Nicht nur das, auch Essen, Schlafen, Entspannungen, Kleidung – alles, was ein Mensch braucht, ist Therapie.

FRAGE: Sie reisen viel. Welche Probleme sind in allen Kulturen anzutreffen?

RINPOCHE: Es gibt zwar sehr große Unterschiede von Land zu Land, allen Menschen gemeinsam ist aber eine gewisse Ungeduld dem inneren Prozess gegenüber. Nur sehr wenige Menschen bleiben so lange dabei, dass ihre Bemühungen auch Früchte tragen. Kontinuierliche Arbeit fällt den Menschen im Westen oder Menschen mit einem europäischen Hintergrund sehr schwer. In den meisten westlichen Gesellschaften setzt man auf schnelle Ergebnisse. Die Spanne zwischen Input und Output wird immer kürzer. Viele Menschen sind überhaupt nicht dazu bereit, ihrer eigenen Entwicklung Zeit zu lassen. Sie suchen einfach etwas, womit sie sich sofort besser fühlen. Das ist ein großes Hindernis für diesen Prozess.

FRAGE: Was genau bedeutet Mitgefühl?

RINPOCHE: Für mich heißt Mitgefühl, mit der Zeit jedes Wesen

Teil deines Lebens werden zu lassen. Wir sind uns bewusst, dass jedes Wesen genauso wie wir glücklich sein möchte, und dass sich niemand Leiden und Unglück wünscht. Aus Unwissenheit begreifen wir leider nicht, wie wir glücklich sein können, und machen daher sehr viele schlechte Erfahrungen. Mitgefühl besitzen bedeutet: Wir sind dazu bereit, allen gleichermaßen zu helfen, ob uns das Vorteile bringt oder nicht, ob sie wütend auf uns sind, Gewalt gegen uns ausüben oder sogar wenn sie falsche Beschuldigungen gegen uns erheben. So wächst der Wunsch, anderen Wesen zu helfen, wie auch immer diese sich uns gegenüber verhalten. Wir sollten jedoch keine Erwartungen daran knüpfen. Helft ihr beispielsweise einer Person und wandert ins Gefängnis, könnt ihr daraus lernen. Ihr könnt dankbar dafür sein, dass ihr die negativen Gefühle dieser Person auf euch nehmen und ihr euer Glück schenken konntet. Das ist wahres Mitgefühl – wenn ihr alles gebt, was ihr habt, aber nichts dafür erwartet.

FRAGE: Sie haben gesagt, an einem bestimmten Punkt der Übungen wissen wir, dass wir auf dem richtigen Weg sind? Was meinen Sie genau damit? Nach welchen Anzeichen von echten Fortschritten sollten wir Ausschau halten?

RINPOCHE: Fällt es im Laufe der Arbeit mit den Übungen ein wenig leichter, mit Alltagssituationen umzugehen, ist das ein Fortschritt. Macht ihr die Übungen richtig, gibt es weniger Probleme, und ihr geratet auch nicht mehr so leicht in negative Situationen. Aus eurer Praxis entsteht etwas Gutes – sie hilft euch dabei, anständige Menschen zu werden.

Zeitplan

Folgen wir dem vorgeschlagenen Zeitplan, ziehen wir den größten Nutzen aus jeder einzelnen Übung und aus der ganzen Übungsabfolge. Verständlicherweise können sich nicht alle nach diesem Zeitplan richten. Manche wollen vielleicht nur eine halbe Stunde pro Tag aufwenden und fragen sich, ob es dann Sinn hat, alle Übungen zu machen. Andere haben vielleicht die Zeit, aber nicht die Geduld oder Disziplin, dem Plan genau zu folgen und fragen sich, ob diese Übungen vielleicht nur für reifere Menschen gedacht sind. In beiden Fällen ist ein bisschen Praxis besser als gar keine; jeder kann sein Bestes geben. Es ist allerdings ratsam, sich jeden Tag eine bestimmte Zeitspanne vorzunehmen, auch wenn sie nur sehr kurz ist. Vielleicht zieht ihr zwei oder mehrere kürzere Sitzungen vor; wofür ihr euch auch entscheidet, es ist wichtig, einen Vorsatz zu fassen und sich nach besten Kräften daran zu halten. Die angegebene Anzahl von Tagen ist das Minimum für jede Übung. Bleibt ihr darunter, weil ihr die eine oder andere Übung nicht besonders mögt, nehmt ihr euch möglicherweise die Chance, Sinn und Zweck der Übung zu erfassen.

Manche möchten die Übungen vielleicht nur dann durchführen, wenn ihnen der Sinn danach steht. So hat man zwar den Nutzen der einzelnen Übungen, um jedoch den vollen, dauerhaften Wert zu erfahren, muss man den Zeitplan und die Reihenfolge einhalten. Es hängt alles davon ab, wieviel Nutzen man daraus ziehen möchte – man bekommt nur das, was man investiert. Wenn man mehr Zeit auf die Übungen verwenden will und die Gelegenheit dazu hat, ist das in Ordnung. Wenn ihr aber ein gutes Ergebnis haben wollt, solltet ihr jede Übung mindestens so oft wie angegeben durchführen.

Zeitplan

1. Sitzen – einige Minuten vor jeder Sitzung und wann immer ihr es für nötig haltet

2. Entspannen – vier Tage lang täglich 15 Minuten

3. Spüren – eine Woche lang täglich eine Stunde

4. Das goldene Licht des universellen Mitgefühls – zwei Wochen lang täglich 20 Minuten

5. Der Regenbogen – eine Woche lang täglich eine Stunde

6. Der Spiegel
   - Phase 1 – mindestens eine Woche lang täglich ein- oder zweimal 15 – 20 Minuten. Vorgeschlagen werden 3 – 4 Wochen
   - Phase 2 – drei oder vier Wochen lang täglich ein- oder zweimal 15 – 20 Minuten

7. Freunde – drei bis vier Wochen lang täglich 45 Minuten

8. Das Potenzial erwecken – eine Woche lang täglich eine Stunde und 45 Minuten

9. Das Potenzial leben – vier Wochen lang täglich eine Stunde und 15 Minuten

10. Ausdehnen und Zusammenziehen – drei Wochen lang täglich eine Stunde

11. Feinde – vier Wochen lang täglich eine Stunde und 20 Minuten

12. Die Leiden der Eltern und Verwandten auf uns nehmen – zwei Wochen lang täglich eine Stunde und 15 Minuten

13. Die Leiden unserer Heimat, der Freunde und der Tiere auf uns nehmen – zwei Wochen lang täglich eine Stunde und 15 Minuten

14. Die Leiden unserer Feinde auf uns nehmen – vier Wochen lang täglich eine Stunde und 30 Minuten

15. Die Regenbogenkugel – täglich eine Stunde, jeweils eine Woche pro Farbe

16. Allumfassendes Mitgefühl – vier Wochen lang täglich 30 Minuten

17. Das Universum verwandelt sich durch Mitgefühl – vier Wochen lang täglich 30 Minuten

Bevor ihr mit einer Übung beginnt, ist es gut, sich einige Minuten einzustimmen. Nehmt eine bequeme Haltung ein und haltet den Rücken aufrecht. Spürt den Raum, der euch umgibt, und achtet auf die Körperempfindungen beim Sitzen. Spürt wie der Atem in den Körper eintritt und ihn wieder verlässt – macht wenn nötig eine entspannende Atemübung und fangt dann mit der Übung an.

Habt ihr die Übung beendet, denkt daran, ihre positiven Ergebnisse mit anderen zu teilen; nehmt dazu die »Widmung«, die in der Einführung zum zweiten Teil beschrieben ist.

Habt ihr alle Übungen in diesem Buch durchgeführt, empfindet ihr es vielleicht als sinnvoll, die eine oder andere euch besonders hilfreich erscheinende Übung noch einmal aufzugreifen. Das ist in Ordnung. Führt ihr aber die Übungen zum ersten Mal durch, tut ihr gut daran, die vorgeschlagene Abfolge und die für jede Übung angegebene Zeitspanne einzuhalten. So dauert die Übung »Der Buddha in uns« eine Stunde und 45 Minuten; habt ihr diese Zeit nicht, so sollte aber die Dauer der Entspannungsphase am Ende im entsprechenden Verhältnis zur Dauer der Hauptvisualisierung stehen.

FRAGE: Sie raten uns, eine bestimmte Zeitspanne für diese Praxis anzusetzen; doch für einige von uns besteht das Problem gerade darin, dass wir dazu gar nicht in der Lage sind. Was ist da zu tun?

RINPOCHE: Diese Unfähigkeit sollte keine Entschuldigung dafür sein, die Arbeit mit diesem Buch nicht fortzusetzen. Vielleicht ist das ein besonderes Problem für dich, doch das Wichtigste ist, dass du dabeibleibst und immer dein Bestes tust.

FRAGE: Ist es gut, mehr Zeit auf die Übungen zu verwenden, wenn uns das sinnvoll erscheint?

RINPOCHE: Ja, das ist kein Problem. Die einzige Ausnahme ist die Spiegel-Übung. Hier sollten wir wegen der visuellen Effekte, die entstehen, wenn wir zu lange in einen Spiegel schauen, keine zu langen Sitzungen machen. Treten diese Effekte schon bei den kürzeren Sitzungen auf, sollten wir die Sitzungen noch kürzer ansetzen. Sinn und Zweck dieser Übung ist es, uns klarer zu sehen, so wie wir sind – und nicht ungewöhnliche visuelle Effekte zu erleben.

FRAGE: Ich finde viele der Übungen schwierig, weil ich mich nur kurze Zeit konzentrieren kann. Was kann ich da tun?

RINPOCHE: Zunächst ist es zweckmäßig, daran zu denken, dass diese Übungen euch in eurem ganzen Leben von Nutzen sein werden – das macht euch Mut, euer Bestes zu geben. Ist deine Aufmerksamkeitsspanne sehr kurz und kannst du daher die vorgeschlagene Zeit nicht einhalten, fange mit kürzeren Sitzungen an und verlängere sie alle zwei, drei Tage. Übe jeden Tag ein wenig länger, bis du die im Buch vorgeschlagene Zeit erreicht hast. Dann ziehst du den vollen Nutzen aus den Übungen.

FRAGE: Ist es in Ordnung, längere Übungen in zwei Sitzungen am Tag aufzuteilen?

RINPOCHE: Das kann man machen. Der Geist braucht allerdings ein wenig Zeit, um zur Ruhe zu kommen, daher muss man für jede der beiden Sitzungen etwa zehn, fünfzehn Minuten dazu rechnen.

1. Die Haltung

Zu diesen Übungen und Meditationen setzen wir uns hin und versuchen, unseren Geist zu zähmen und inneren Frieden zu finden. Wie können wir dabei am besten vorgehen? Wichtig ist zunächst die Umgebung. Besonders Anfänger sollten sich einen ruhigen Platz suchen, der frei ist von störenden Geräuschen wie Gesprächen oder Gelächter. Natürliche Geräusche wie fließendes Wasser oder Vogelgezwitscher sind dagegen durchaus positiv, wenn sie zu einem Gefühl der Entspannung beitragen.

Sitzen wir im Freien, sind ruhige Stellen in ländlichen Gegenden sehr geeignet. Gut ist eine Anhöhe oder ein Berg, von wo aus wir eine weite Sicht haben. Oder das ruhige Meer ohne visuelle Ablenkungen. Wir haben aber nicht oft die Gelegenheit, uns an solchen Orten aufzuhalten, und müssen daher einen möglichst ruhigen Ort in unserer Umgebung suchen.

Sitzen wir in einem Raum, sollte es dort möglichst wenig Ablenkungen geben; er sollte gut gelüftet und nicht stickig sein. Es sollte nicht so kühl sein, dass wir frösteln, aber auch nicht so warm, dass wir schläfrig und träge werden. Es ist jedenfalls besser etwas zu kühl als zu warm, dann ist der Geist klarer.

Haben wir die bestmögliche Umgebung für unsere Praxis gefunden, wenden wir uns der richtigen Sitzhaltung zu. Die körperliche Haltung beeinflusst unsere Gefühle während der Meditation und im täglichen Leben. Unser Körper besteht medizinisch gesehen unter anderem aus Arterien, Venen und Muskeln, die alle mit bestimmten Organen verbunden sind. In der tibetischen und chinesischen Heilkunde werden die Gesundheit dieser Organe diagnostiziert und Erkrankungen behandelt, indem man auf bestimmte Stellen der Hände, des Nackens oder

der Füße Druck ausübt. Das regt das Fließen der Energie durch die sogenannten Meridiane an.

Beim Sitzen achten wir darauf, das freie Fließen dieser Energie nicht zu behindern; dann fühlen wir uns wohl und haben keine körperlichen Schmerzen. Ist in einem Bein eine Arterie blockiert, schläft das Bein ein. Auf gleiche Weise ruft eine Blockierung des Energieflusses beim Sitzen ungute und sehr wechselhafte Empfindungen hervor. Vielleicht fühlen wir uns in einer falschen Sitzhaltung zunächst ganz wohl, nach ein paar Tagen kann sie aber eventuell depressive Gefühle verursachen. Andere falsche Haltungen wie zum Beispiel hochgezogene Schultern können zuerst zu Depressionen führen und später, nach der Sitzung, zu unkontrollierbarer Unruhe. Falls wir Verwandte oder Freunde nach dem Sitzen unfreundlich behandeln, kann auch das auf unsere Haltung zurückzuführen sein.

Manche sind vielleicht anderer Meinung und ziehen ihre gewohnte Sitzhaltung vor, möglicherweise wegen starker Erfahrungen und Gefühle, wie Freude oder Wut, die sie dabei erfahren haben. Solche extremen Gefühle haben wir schon oft genug, wir brauchen sie nicht auch noch zu fördern. Bei den hier vorgestellten Übungen versuchen wir also, in einer neutralen, ausgewogenen Haltung zu sitzen.

Wenn möglich sollte man mit gekreuzten Beinen sitzen; der Lotos- oder Halblotossitz ist am besten. In dieser Haltung kann man lange aufrecht sitzen, und die Energie kann frei durch den Körper fließen. Wer wegen Beschwerden oder altersbedingter Steifheit dazu nicht in der Lage ist, sollte es allerdings nicht versuchen und sich dabei vielleicht die Beine brechen, sondern sich auf einen Stuhl setzen. Wer noch jung und körperlich gesund ist, sollte lernen, in dieser Position zu sitzen.

Beim Lotos- oder Halblotossitz legen wir immer das linke Bein nach innen und das rechte Bein nach außen; zuerst wird das linke Bein angewinkelt, dann das rechte. Dann richten wir unser Rückgrat so gerade wie möglich, bis zum Nacken hinauf auf. Jedes Organ des Körpers ist über das Nervensystem mit der Wirbelsäule verbunden; ist sie gekrümmt oder verschoben, können dadurch Schmerzen oder Unbehagen in anderen Körperteilen entstehen. Halten wir die Wirbelsäule aufrecht, kann unsere Energie frei fließen. Der Körper sollte im Gleichgewicht sein, die Schultern gerade und entspannt; wir sollten sie nicht mit Gewalt nach hinten drücken und keine Seite sollte höher sein als die andere.

Um unseren Rücken aufrecht zu halten, benutzen wir ein kleines, hartes Kissen, das etwa fünf bis zehn Zentimeter hoch ist und einen Durchmesser von 30 bis 35 cm hat, je nach unserer Körperhaltung. Sitzen wir in der halben Lotoshaltung, brauchen wir ein etwas höheres Kissen (etwa 10 cm hoch). Ist es zu schwierig, einen Fuß oder beide Füße auf den Oberschenkel zu legen, genügt es, die Beine locker übereinanderzulegen. Für Einige ist auch der Kniesitz angenehm, mit einem kleinen Schemel oder einem Kissen als Stütze, um den Rücken aufrecht und im Gleichgewicht zu halten.

Zwei Handhaltungen sind möglich: Wir können die Hände mit den Handflächen nach unten auf den Knien ruhen lassen und unsere Ellbogen dabei geradehalten; oder wir können die geöffnete rechte Hand auf die geöffnete linke Hand legen, wobei sich die Daumen leicht berühren. Bei dieser Position sollten wir die Hände weder zu hoch noch zu tief halten, am besten sind etwa vier Zentimeter unterhalb des Nabels.

Der Kopf ist etwas nach vorne geneigt, das Kinn leicht angezogen, der Mund etwas geöffnet, die Zunge berührt den oberen Gaumen. So können wir durch Mund und Nase atmen.

Wir richten den Blick über die Nasenflügel hinaus auf einen Punkt etwa eineinhalb bis zwei Meter vor uns. Für Anfänger ist es wahrscheinlich besser, die Augen nicht ganz zu schließen. Nur wenn wir etwas visualisieren, können die Augen eventuell geschlossen sein. Die Brille nehmen wir ab, und unser Blick sollte nicht angespannt sein.

Das hört sich jetzt alles etwas schwierig und umständlich an; es ist aber wichtig, dass wir diese Haltung so gut wie möglich einnehmen, ohne uns zu verkrampfen und Schmerzen zuzufügen. Spüren wir einen starken Widerstand gegen die beschriebenen Sitzhaltungen oder spannen wir uns zu sehr an, können wir die ersten drei Übungen auch im Liegen durchführen. Auch dann sollten wir den Rücken so gerade wie möglich halten. Wie beim Sitzen ist das Kinn etwas angezogen, dabei hilft ein Buch, ein Kissen oder eine zusammengelegte Decke unter dem Kopf. Bei Schmerzen im unteren Rücken helfen Kissen unter den Knien, damit sich der Bereich der Lendenwirbel völlig entspannen kann. Sobald wir mit den Übungen vertraut sind und sie uns leichter fallen, sollten wir sie auch im Sitzen versuchen, in einer Sitzhaltung, die für uns bequem ist.

Die Körperhaltung ist wichtig. Wir passen unseren Körper nicht in einen rigiden Rahmen oder legen ihn wie einen Häftling in Ketten. Viel besser ist eine entspannte Haltung. Stellen wir uns zum Beispiel Baumwolle vor: Sie ist sehr lose und luftig, und alle Fasern sind unabhängig voneinander. Sie hängen zusammen, aber auf eine lockere Art. Unsere Haltung sollte ähnlich sein – weder zu locker noch zu angespannt. Mit etwas Übung wird so auch unser Geist ausgeglichen.

FRAGE: Warum ist das Sitzen mit gekreuzten Beinen dem Kniesitz mit Kissen oder Bänkchen vorzuziehen?

RINPOCHE: Grundsätzlich ist der Lotossitz am besten für den Geist; wer aber nicht so sitzen kann, dem schadet der Kniesitz auch nicht.

FRAGE: Wenn die Beine sehr steif sind und die Knie deshalb beim Sitzen nicht den Boden berühren, sollten wir dann trotzdem immer weiter versuchen, mit gekreuzten Beinen zu sitzen? Wenn ja, wie können wir das richtige Sitzen üben?

RINPOCHE: Um die ideale Sitzhaltung zu finden, ist es sinnvoll, den Körper ein wenig zu trainieren. Dabei hat jeder andere Schwierigkeiten; meist hilft jedoch regelmäßige Gymnastik, Dehnübungen zum Beispiel oder auch Massage. Wichtig ist, nichts zu übertreiben, nichts erzwingen zu wollen.

FRAGE: Rinpoche, welche Bedeutung hat es, dass wir im Westen seit Generationen auf Stühlen sitzen?

RINPOCHE: Das weiß ich auch nicht genau. Vielleicht ist es ein Zeichen von Unruhe, der Bereitschaft, jederzeit aufzustehen und woanders hinzugehen. Es könnte auch Faulheit sein – wenn man sich auf halbem Wege zwischen Stehen und Liegen befindet, kostet es wenig Energie, sich aufwärts oder abwärts zu bewegen. Aber das sind nur Vermutungen.

FRAGE: Für mich ist das Sitzen mit gekreuzten Beinen einfacher, wenn ich das rechte Bein unter das linke lege. Ist das in Ordnung?

RINPOCHE: Das hängt vor allem davon ab, wie weit man mit der Therapie gehen will; geht es nur um das Körperliche, ist sie nicht so wichtig; geht es uns aber auch um Meditation, scheint es mir sinnvoller, den Anweisungen zu folgen. Auch wenn es am Anfang kaum von Bedeutung ist, zahlt sich die Mühe, die man jetzt aufwendet, langfristig aus.

FRAGE: Auf Abbildungen meditierender Menschen sieht man manchmal Haltungen, die nicht zu stimmen scheinen.

RINPOCHE: Das heißt nicht, dass unsere eigene Sitzhaltung fehlerhaft sein sollte. Wir sollten schon unser Bestes versuchen, sollten darauf achten, dass unser Rücken möglichst gerade ist und wir nicht nach vorne oder hinten, links oder rechts geneigt sitzen. Aber die Menschen sind unterschiedlich. Macht es, so gut ihr es könnt.

FRAGE: Warum sollten die Hände nicht mit der Handfläche nach oben auf den Knien liegen?

RINPOCHE: Bei dieser Handhaltung lädst du Energien und damit Ablenkungen aus der Umgebung ein.

FRAGE: Ich würde gerne im vollen Lotossitz meditieren. Wie komme ich dahin?

RINPOCHE: Du kannst deinen Körper mit verschiedenen Übungen geschmeidiger machen. Das Wichtigste ist aber, dass du langsam vorgehst. Wenn es dir am Anfang schwerfällt, solltest du die schwierigeren Haltungen immer nur kurz einnehmen, um deinen Körper nicht zu überfordern. Sonst geht es irgendwann gar nicht mehr.

2. Entspannen

Allgemeine Richtlinien

In diesem Buch geht es vor allem darum, dass wir lernen, uns zu entspannen und bei uns zu sein, was immer wir auch fühlen. Diese Art von entspanntem Geist ist eine gute Grundlage für unsere Reifung und Stabilität. Um uns entspannen zu können, müssen wir uns aber gut kennen. Zum Beispiel sind manche Menschen zu locker, andere zu verkrampft oder angespannt. Wenn zu lockere Menschen sich zu viele Pausen erlauben, ist das kontraproduktiv, weil sie den Effekt der Übungen verwässern. Andererseits, wenn ein angespannter Mensch zu streng mit sich selbst ist, wird dies auch zu einem Hindernis. Würden wir uns gut kennen, könnten wir unsere Pausen entsprechend dosieren. Um den mittleren Weg jenseits aller Extreme zu finden, brauchen wir einfache, klare Selbsterkenntnis. Wir müssen herausfinden, wer wir wirklich sind, ohne Selbsttäuschung.

Wir können auch ein Gefühl dafür bekommen, wenn Dinge, die wir tun, uns aufregen oder bestehende Probleme verschlimmern. In diesen Situationen müssen wir uns eine Pause gönnen oder mehr Zeit für Entspannung. Diese Übungen sollen uns helfen, stabil und ruhig zu werden, und es wäre schon eine Ironie, wenn wir durch sie stattdessen verkrampft und angespannt würden. Wenn aber etwas auftaucht, das uns für einige Tage beunruhigt, kann das ganz natürlich sein, denn wir berühren mit den Übungen Bereiche in uns, die vorher unterdrückt waren oder die wir nicht gesehen haben. Natürlich gibt es darauf Reaktionen, aber wir sollten verstehen, dass dies keine große Sache ist und dass wir lernen können zu akzeptieren, was auch immer in uns entsteht. Wir betrachten den gesamten Prozess, und halten uns nicht mit einzelnen Teilaspekten auf.

Entwickeln wir einen Geist, der nicht auf jeden Reiz reagiert, trägt schon allein das zu unserem Wohlbefinden bei. Verläuft das Sitzen einmal nicht gut, ist es unklug, schnell aufzuspringen und zur Ablenkung den Fernsehapparat oder das Radio einzuschalten. Wir sollten die Fähigkeit entwickeln, alle inneren und äußeren Erfahrungen in einem leichten Fließen kommen und gehen zu lassen, ohne – je nach Verlauf der Sitzung – entweder himmelhoch jauchzend oder zu Tode betrübt zu sein. Menschen, die leicht zerstreut sind, sollten Pausen lieber nicht zu lange ausdehnen. Steht einfach auf und streckt euch ein wenig. Verlasst das Zimmer nicht und fangt auch mitten in der Übung kein Gespräch an, sonst fällt es euch sehr schwer, die Übung wieder aufzunehmen.

Bei Entspannungsübungen scheint es zwei Hauptprobleme zu geben. Das erste ist, dass sich manche Menschen nicht entspannen können, weil sie das Gefühl haben: »Ich muss mich jetzt entspannen.« Tritt dann keine Ruhe ein, geraten sie in Panik. Wenn wir uns entspannen möchten, ist es sehr wichtig, auf nichts heftig zu reagieren. Selbst wenn wir nicht ruhig sein können, sollten wir einfach alles annehmen, was geschieht.

Das nächste Problem entsteht, wenn wir uns zwar entspannen können, die Entspannung aber zu wichtig nehmen und daran anhaften. Vielleicht macht uns diese Entspannungsübung an einem Tag glücklich, und wir erwarten dann ähnliche Gefühle, wenn wir sie am nächsten Tag wieder durchführen. Erleben wir sie dann nicht, geraten wir in Panik oder sind sehr enttäuscht. Wir denken dann: »Gestern hatte ich doch angenehme Gefühle, warum denn heute nicht?« So entsteht eine Art

Krieg in uns, und dieser Krieg verhindert Entspannung. Es ist also sehr wichtig, keine Erwartungen zu haben und einfach alles zu akzeptieren, was geschieht.

Wir können uns entspannen, wenn wir lernen, uns anzunehmen. Lasst alle Erwartungen an die Übung fallen, zum Beispiel den Gedanken: »Ich mache jetzt diese Übung und will damit dieses oder jenes erreichen.« Stärkt statt dessen eure Fähigkeit zur Selbsterkenntnis und lernt bei allem zu sein, was ihr denkt oder fühlt. Schließt Freundschaft mit euch, ohne euch selbst zu bekämpfen – so findet ihr schnell Entspannung. Menschen mit einem reifen Geist sind überall glücklich, was auch immer geschieht, denn sie haben gelernt, sich und ihre Erfahrungen zu akzeptieren.

Entspannen / Atmen

In diesem Kapitel werden zwei Entspannungsübungen vorgestellt, die beide den Atem benutzen. Jede Sitzung sollte mit einer dieser Übungen beginnen. Bei der ersten Übung soll man beim Atmen jeweils bis fünf zählen.Dies ist nur als Vorschlag gedacht; die Atmung sollte dem eigenen Rhythmus und der aktuellen Situation angepasst sein. Das Einatmen darf etwas tiefer sein als gewöhnlich, bis man das Gefühl hat, ganz angefüllt zu sein; dies sollte aber ohne Anstrengung geschehen. Beide Übungen können etwas schneller durchgeführt werden, wenn man sich sehr unwohl oder aufgewühlt fühlt, und etwas langsamer, wenn man ohnehin ruhig und relativ entspannt ist.

Fällt es uns schwer, uns bei den Atemübungen zu entspannen, können wir uns einfach eine Weile hinlegen und alle Gedanken und Gefühle ganz natürlich kommen und gehen lassen und danach die Übung mit etwas weniger Anstrengung fortsetzen. Dasselbe gilt auch für die weiteren Übungen.

Die Übungen

1. *Entspannen /Atmen*

   Die erste Variante:

   Spürt zunächst, wie euer Körper auf dem Boden ruht. Spürt den ganzen Körper und eure Umgebung.

   Atmet dann tief ein und zählt dabei bis fünf (oder bis vier oder sechs, wie es angenehm ist).

   Haltet den Atem an und zählt bis zur gleichen Zahl.

   Atmet tief und kräftig aus – und zwar durch den Mund, weil sich dabei die Spannungen besser lösen. Haltet nach dem Ausatmen die Luft nicht an, sondern lasst ganz natürlich das nächste Einatmen folgen.

   Stellt euch bei jedem Ausatmen vor, dass alle Spannungen abfließen, als würde man ein Glas mit altem Wasser ausschütten, und lasst euren Geist frei.

   Macht das mindestens drei oder vier Mal.

2. *Atmen / Entspannen*

   Die zweite Variante:

   Atmet durch den Mund aus und zwar ein klein wenig länger als normalerweise; macht dann eine kurze Pause.

   Atmet durch die Nase ein, etwas langsamer und tiefer als sonst, und macht wieder eine kurze Pause.

   Macht dies insgesamt einundzwanzig Mal, wobei Aus- und Einatmen gemeinsam als ein Atemzyklus gezählt werden.

Übt eine dieser beiden Entspannungsmethoden mindestens vier Tage lang, bevor ihr mit den weiteren Übungen beginnt. Macht sie dann jeweils zu Beginn jeder Sitzung und immer dann, wenn während einer anderen Übung zuviel Spannung entsteht. Auch in spannungsreichen Alltagssituationen sind sie sehr hilfreich.

FRAGE: Gibt es Situationen, in denen die eine Form der Übung günstiger ist als die andere, oder ist das einfach eine individuelle Entscheidung?

RINPOCHE: Einigen gefällt vielleicht die erste Variante besser, anderen die zweite. Das ist in Ordnung, denke ich – macht das, was euch angenehmer ist.

FRAGE: Wenn man während der ersten Übung den Atem anhält, sollte die Kehle dann offen oder geschlossen sein?

RINPOCHE: Was sich natürlich anfühlt, ist immer das Beste.

FRAGE: Manchmal fühle ich mich während der Atemübung sehr angespannt oder verspanne mich sogar noch mehr als vorher. Kann es sein, dass ich falsch atme?

RINPOCHE: Nicht unbedingt; mach dir deswegen nicht so viele Gedanken. Leg dich einfach hin und versuch dich zu entspannen. Vielleicht hilft auch die Übung »Spüren«, die im nächsten Kapitel beschrieben wird.

FRAGE: Ich bin Asthmatiker und die Atemübungen können bei mir Angstgefühle auslösen. Wie kann ich diese Angst überwinden?

RINPOCHE: Vielleicht sind die Atemübungen für dich gar nicht so geeignet. Versuch, dich einfach so zu entspannen.

FRAGE: Wenn ich während der Übung unterbrochen werde, zum Beispiel durch einen Telefonanruf, schadet es dann, abzubrechen und anschließend da weiterzumachen, wo ich aufgehört hatte?

RINPOCHE: Nun, das ist nicht unbedingt schädlich; wenn es aber häufiger Unterbrechungen und Ablenkungen gibt, ist die Wirkung der Übungen natürlich geringer.

3. Allgemeine Entspannungsübung

Spürt zunächst, wie euer Körper auf dem Boden ruht. Spürt den Körper im Ganzen und die Umgebung um ihn herum. Schaut dann in den Raum und atmet alle Sorgen, Spannungen und negativen Gefühle aus. Wenn ihr ruhiger geworden seid, dann beobachtet alle Gedanken, Gefühle und äußeren Erscheinungen wie ein Zuschauer einen Umzug. Ihr schaut den Umzug gerne an, aber ohne auf jeden Festwagen aufzuspringen. Seid euch bewusst, was geschieht, und erkennt es. Darüber hinaus gibt es nichts zu tun. Nehmt alle Gedanken und Gefühle wahr, reagiert aber nicht darauf und beurteilt sie nicht. Das nennt man Achtsamkeit in jedem Augenblick. Bewertet Gedanken nicht als positiv oder negativ – erkennt sie einfach und seid wach. Ihr könnt die Übung so lange machen, wie ihr möchtet. Ihr könnt sie zum Beispiel bei der Arbeit am Schreibtisch durchführen oder im Liegen, einfach überall.

FRAGE: Welche Situation ist am besten geeignet für diese Übung?

RINPOCHE: Jede Situation – je nachdem, was möglich oder angemessen ist.

3. Spüren

In dieser Übung lernen wir, mit den grundlegenden Tatsachen unseres Lebens umzugehen: mit dem, was wir wirklich spüren. Befassen wir uns gründlich mit unseren Körperempfindungen, wirkt das zusätzlich auch entspannend. Viele Ängste und Verspannungen lösen sich auf, wenn wir uns auf unsere Empfindungen konzentrieren, die wir sonst oft verdrängen. Können wir unsere Gefühle und Empfindungen genau wahrnehmen und sie alle akzeptieren, die angenehmen und die unangenehmen, dann haben wir eine ausgezeichnete Grundlage, die Dinge auch im Außen so zu nehmen, wie sie sind.

Viele Menschen suchen ständig nach körperlich und emotional angenehmen Erfahrungen und laufen vor unangenehmen davon. Andere sind so sehr mit ihren Schmerzen beschäftigt, dass sie nicht merken, dass Schmerz nichts Beständiges ist. Schmerz verändert sich fortwährend und ist vermischt mit neutralen und angenehmen Gefühlen.

Wiederholen wir diese Übung immer wieder, werden wir auf ganz persönliche Art mit dem Wirken der Unbeständigkeit vertraut und lassen uns durch sie nicht mehr beunruhigen. Darüber hinaus wirkt allein schon das Aufmerksamsein entspannend.

Die Übung

1. Die Ausgangssituation

Wir sitzen aufrecht oder liegen gerade auf dem Rücken und spüren den Kontakt des Körpers mit der Unterlage oder dem Boden. Achtet auf alle Kontaktstellen mit dem Boden und spürt, wo der Druck am stärksten ist. Achtet darauf, ob sich der Druck beim Ein- oder Ausatmen verändert. Liegen oder sitzen wir dann ruhig (bis auf die leichten Bewegungen, die sich beim natürlichen Ein- und Ausatmen ergeben), betrachten wir unsere Empfindungen genauer.

2. Das genaue Wahrnehmen der Körperempfindungen

Wir beginnen mit unseren großen Zehen und achten dabei auf alle Empfindungen. Spüren wir nichts, nehmen wir das einfach wahr und gehen dann weiter zu den nächsten beiden Zehen und spüren gleichzeitig die rechte und linke Seite.

Wir bewegen uns mit unserer Wahrnehmung kontinuierlich weiter nach oben die Füße hinauf und achten auf die kleinsten Empfindungsunterschiede – kalt, warm, schwer, kribbelig, träge, empfindlich, pochend, fließend usw. Wir nehmen nur wahr und beschäftigen uns nicht damit, irgendwelche Geschichten über die jeweiligen Empfindungen zu erfinden.

Mit unserer Wahrnehmung gehen wir nun die Beine hinauf bis zu den Hüften. Dann gehen wir mit der Aufmerksamkeit zu den Händen, beginnen mit den Fingern, und anschließend zu den Armen, bis hinauf zu den Schultern. Anschließend kehren wir mit unserer Wahrnehmung zum Steißbein zurück und gehen langsam, Wirbel für Wirbel, die Wirbelsäule hinauf; wir nehmen einfach alle Empfindungen wahr, sowohl die in der Wirbelsäule als auch die im gesamten Rumpf. Dabei achten wir auf die Vielzahl der Empfindungen in den inneren Organen und bei den Atembewegungen. Versucht einfach zu spüren, ohne zu benennen oder zu analysieren.

Seid ihr beim Nacken angelangt, spürt dann auch den Hals und die Kehle, die Innen- und die Außenseite, dann die Mundhöhle. Wandert aufmerksam durch die verschiedenen Teile von Gesicht und Kopf, außen und innen, und lasst die Aufmerksamkeit schließlich am höchsten Punkt des Kopfes zur Ruhe kommen.

Kehrt dann die Richtung des Flusses der Aufmerksamkeit um und geht wieder nach unten, diesmal um einiges schneller. Stellt euch vor, euer Körper sei ein mit Wasser gefüllter Hohlkörper. An den Füßen ist der Stöpsel herausgezogen, und das Wasser fließt langsam ab, und ihr folgt mit eurer Wahrnehmung dem sinkenden Wasserspiegel.* Auf jeder Ebene spürt ihr ganze Bereiche von Empfindungen, ohne dass ihr dabei auf einzelne Körperteile achtet. Seid ihr wieder bei den Zehen angelangt, richtet ihr eure Aufmerksamkeit auf die natürliche Bewegung des Atems und den Körper als Ganzes. Beobachtet jetzt einfach die Atembewegung, ganz entspannt und ohne auf etwas Bestimmtes zu achten. Zum Schluss dehnt und streckt euch noch einmal ganz gründlich.

Es ist wichtig, dass wir jedes Mal, wenn wir mit der Aufmerksamkeit von den Füßen zum Kopf gewandert sind, anschließend wieder umgekehrt vom Kopf bis zu den Füßen gehen. Manche finden es sogar angenehmer und entspannender, mit der Aufmerksamkeit immer nur vom Kopf zu den Füßen zu wandern.

Macht diese Übung eine Woche lang jeweils für etwa eine Stunde und setzt sie danach bei Bedarf zur Entspannung ein.

---

* Eine solche bildliche Vorstellung kann vom reinen Spüren ablenken. In diesem Fall kann man auch auf das Bild mit dem sinkenden Wasserspiegel verzichten. Es geht darum, bei diesem zweiten Durchgang nicht einzelne Körperteile zu spüren, sondern den Körper als Einheit wahrzunehmen und mit der Aufmerksamkeit schichtweise von oben nach unten zu gehen. Wir bewegen uns dabei rascher als vorher und nehmen ganze Körperebenen auf einmal wahr. (U.K.)

FRAGE: Was sollen wir tun, wenn sehr schmerzhafte Empfindungen auftauchen, die wir nicht ignorieren können und die uns daran hindern, weiterzumachen?

RINPOCHE: Anfangs ist es vielleicht hilfreich, wenn wir die Entspannungsübungen wiederholen und uns nicht zum Weitermachen zwingen. Doch wenn diese schmerzhaften Empfindungen über Monate hinweg immer wiederkehren, sollten wir vielleicht bei diesen Empfindungen bleiben und uns ihnen stellen.

FRAGE: Sie sagen: »Wiederholt die Entspannungsübungen«. Bedeutet das, dass man eine der Atemübungen wiederholen sollte?

RINPOCHE: Vielleicht legt ihr euch einfach nur hin und lasst die Gefühle abklingen, möglichst ohne euch irgendwelche Sorgen zu machen.

FRAGE: Manchmal kann ich meine Aufmerksamkeit einfach nicht durch einen bestimmten Körperbereich lenken, sie scheint irgendwo steckengeblieben zu sein. Was soll ich dann tun?

RINPOCHE: Vielleicht versuchst du etwas zu bewegen, was zu schwer oder zu undurchlässig ist, oder du übst zuviel Druck aus. Manchmal passt eine Schraube nicht durch ein Loch, weil sie einfach zu groß ist. Dann brauchst du eine kleinere Schraube, das heißt, du musst sanfter vorgehen.

FRAGE: Wenn starke Gefühle oder wenn Erinnerungen durch bestimmte Körperempfindungen hervorgerufen werden und immer wiederkehren, ist es dann sinnvoll, sie genauer zu betrachten und zu analysieren, oder sollte man sich nur auf die Körperempfindungen selbst konzentrieren?

RINPOCHE: Versuch einfach, den Empfindungen zu folgen, und achte nicht zu sehr darauf, was aus ihnen entsteht.

FRAGE: Während der Übung hatte ich auf einmal Empfindungen, die ich noch nie zuvor gefühlt hatte. Bilde ich mir das einfach nur ein?

RINPOCHE: Nicht unbedingt, vielleicht waren diese Empfindungen schon vorher da, aber du nimmst sie erst jetzt wahr – du fängst an, klarer zu sehen. Wenn wir unseren Geist in dieser Übung langsamer werden lassen, können uns viele Dinge bewusst werden, die wir vorher nicht bemerkt haben. Das ist in Ordnung. Wir sollten aber bei der Wahrnehmung selbst bleiben und nichts hinzufügen. Es gibt Therapien, die zu viel in jedes kleine Körpergefühl hinein interpretieren und dadurch suggerieren, dass diese alle eine besondere psychologische Bedeutung haben. Dadurch werden manche Menschen immer empfindlicher und sind immer weniger in der Lage, dem zu begegnen, was hochkommt. Das wäre nicht der Sinn dieser Übung. Wir trainieren einfach unseren Geist darin, anzunehmen, was entsteht, ohne es zu analysieren oder uns in Gefühle zu verwickeln.

FRAGE: Was ist, wenn ich bei dieser Übung überhaupt nichts in meinem Körper spüre?

RINPOCHE: Irgendwas ist immer da. Beginne mit dem, was offenkundig ist, wie dem Gefühl der Dehnung am Hosenbund beim Atmen. Sei zufrieden mit dem, was du deutlich spürst, statt dir Gedanken zu machen, was du nicht fühlst. Benutze die deutlichen Wahrnehmungen als Basis, um dann langsam immer mehr zu spüren. Es ist unnötig, sich schuldig und unglücklich zu fühlen, weil du meinst, zu wenig zu spüren. Fahre einfach mit der Übung fort.

4. Das goldene Licht des universellen Mitgefühls

Mit dieser Übung wollen wir Offenheit und Hilfsbereitschaft anderen gegenüber entwickeln und fördern. Öffnet euch für all eure Gedanken, Gefühle und Empfindungen, in dem Bewusstsein, dass euer natürliches Erleben das Rohmaterial für eure positive Weiterentwicklung ist. Das gilt nicht nur für die guten Erfahrungen. Selbst sehr negative Gedanken und Gefühle können zur Grundlage von Mitgefühl werden. Wird eine Person beispielsweise häufig ärgerlich, wird sie anderen ärgerlichen Menschen gegenüber so lange negative Gefühle empfinden, bis sie ihre eigene Verärgerung anerkennt. Kennt sie dann ihren Ärger und dessen schädliche Folgen, entsteht ganz natürlich Mitgefühl für andere Menschen, die unter ihrem Ärger leiden, denn sie weiß, was für ein schrecklicher Zustand das ist. So kann sogar Ärger oder Wut zur Quelle des Mitgefühls werden.

Diese Übung gibt uns die Gelegenheit, unsere eigenen Erfahrungen im jeweiligen Augenblick anzuerkennen und sie dann für andere fruchtbar und wertvoll zu machen, indem wir sie umwandeln.

Zunächst ist es wichtig, mit allem in Kontakt zu treten, was wir erfahren (sei es auf einer körperlichen, emotionalen oder intellektuellen Ebene). Erlaubt euch, eure Stimmungen und eure Emotionen wahrzunehmen und achtet auf die Gedanken, die in eurem Geist kommen und gehen. Versucht, nichts zu unterdrücken, sondern vertraut darauf, dass ihr mit allem, was entsteht, arbeiten könnt. Lasst alle Gedanken und Gefühle, die in euch aufsteigen, zum Wohle aller Wesen hinausfließen. Euch stärkt dabei das Gefühl: »Von jetzt an arbeite ich zum Wohle aller«. Diese Übung trägt zur Entspannung bei, denn wir müssen keine Gedanken und Gefühle mehr zurückhalten, auch wenn sie zerstörerisch und beunruhigend sind. Für die Entwicklung des Mitgefühls sind sie alle gleich wertvoll. Diese Übung eignet sich daher ausgezeichnet dazu, verdrängte und aufgestaute Gefühle loszulassen.

Die Übung

Nehmt euch mindestens fünf Minuten Zeit zur Einstimmung. Legt euch hin oder setzt euch bequem hin und haltet den Rücken aufrecht. Spürt den Raum um euch und achtet auf die Körperempfindungen beim Kontakt mit dem Boden. Spürt, wie der Atem in den Körper fließt und ihn wieder verlässt.Macht wenn nötig eine Atemübung zur Entspannung und fangt dann mit der Übung an.

Fasst den Entschluss, alles, was in euch aufsteigt, sei es positiv, negativ oder neutral, als brauchbares Rohmaterial für die Entwicklung des Mitgefühls anzunehmen. Schaut euch alles an, was in euch vor sich geht – alle drei Arten von Erfahrungen, die körperlichen, emotionalen und geistigen. Stellt euch dann den weiten, offenen Raum vor. Mitten im Raum seht ihr ein Tor, das sich nach außen öffnet. Richtet die Aufmerksamkeit dann auf das Ausatmen. Atmet alle Gedanken, Gefühle und Empfindungen, die auftauchen, durch das Tor hinaus, im Vertrauen darauf, dass sie sich in allumfassendes Mitgefühl in Form von goldenem Licht verwandeln, das durch das Tor zu allen Lebewesen gelangt. Spürt, wie das goldene Licht allen gleichermaßen zukommt, wo immer sie auch sind, und all ihre Bedürfnisse und Wünsche erfüllt.

Spürt, wie der ganze Raum allmählich von goldenem Licht erfüllt wird; absolut niemand ist ausgeschlossen von der Wirkung des allumfassenden Mitgefühls, und am Ende kommt das goldene Licht auch zu euch zurück. Ihr seid in dieses Mitgefühl eingeschlossen, und alles, was ihr braucht oder ersehnt, kommt ebenso zu euch wie zu allen anderen Wesen.

Diese Meditation solltet ihr zwei Wochen lang täglich zwanzig Minuten machen. Später könnt ihr für einen Tag oder auch länger zu ihr zurückkehren, wenn es im Lauf der weiteren Übungen zu irgendwelchen Verspannungen kommt, und dann die anstehenden Übungen wieder aufnehmen.

FRAGE: Bleibt das Tor nach dem Ausatmen offen, oder schließt es sich bei jedem Einatmen?

RINPOCHE: Das Tor bleibt geöffnet; aber wenn ihr seht, dass es sich beim Ausatmen öffnet und beim Einatmen schließt, ist das auch in Ordnung.

FRAGE: Wenn man sich ausschließlich auf das Ausatmen konzentriert, fließen die Gedanken und Gefühle dann auch beim Einatmen weiter durch das Tor?

RINPOCHE: Ja, das tun sie, ob ihr euch darauf konzentriert oder nicht.

FRAGE: Kann ich mir auch vorstellen, dass ich selbst das Tor bin, statt das Tor vor mir im Raum zu sehen?

RINPOCHE: Ja, auch das wäre möglich.

FRAGE: Kann ich meine Wahrnehmung auch über das Tor hinaus richten, auf die leidenden Wesen, die durch das Licht das bekommen, was sie brauchen?

RINPOCHE: Es spricht nichts dagegen. Ihr könnt das Licht ganz allgemein allen schicken, die leiden, oder auch ganz bestimmten Personen.

Frage: Kann man mit Hilfe dieser Übung auch an schwierigen persönlichen Beziehungen arbeiten? Behandelt mich beispielsweise jemand so, als wäre ich ständig im Unrecht, soll ich mir dann vorstellen, meine Wut und mein Groll fließen durch das Tor, verwandeln sich in das goldene Licht des Mitgefühls und helfen dadurch dem anderen, dass er sich besser fühlt und nicht mehr den Wunsch hat, mich zu beschuldigen?

Rinpoche: Das kann durchaus hilfreich sein, ja.

Frage: Was soll ich tun, wenn ich bei dieser Übung kein Bedürfnis verspüre, anderen Gutes zu tun? Soll ich dann eine andere Übung machen oder das goldene Licht visualisieren, ohne dass es auf andere ausstrahlt?

Rinpoche: Ich kann mir nicht vorstellen, dass ihr überhaupt niemandem etwas Gutes tun wollt. Selbst wenn ihr nicht allen etwas Gutes tun wollt, so gibt es bestimmt ein oder zwei Personen, denen ihr Glück wünscht. Ihr könnt anfangs das goldene Licht zu jemandem schicken, dem ihr Gutes wünscht, und dann versuchen, das gleiche Gefühl für alle zu entwickeln.

Frage: Sollte man sich die Gefühle in einer bestimmten Form oder Gestalt vorstellen, wie ein Film im Geist zum Beispiel oder als Rauch, bevor sie das Tor erreichen? Oder geht es einfach um Gefühle?

Rinpoche: Ich glaube nicht, dass ihr tatsächlich Rauch sehen würdet – es geht hier einfach nur um die Gefühle.

5. Der Regenbogen

In den bisherigen Übungen haben wir mit inneren Objekten an unserem Geist gearbeitet – dem Atem, den Körperempfindungen und einer Visualisierung zur Förderung des Mitgefühls. In der Regenbogen-Übung konzentrieren wir uns auf äußere Gegenstände und versuchen, ihre wahre Natur zu entdecken. Wir nehmen dafür Gegenstände aus drei Bereichen:

a) Gegenstände mit einem materiellen Wert (z. B. einen Edelstein).
b) Gegenstände, die nichts kosten und uns nicht gehören (z. B. einen Kieselstein oder einen Grashalm).
c) Gegenstände, die wir als unser Eigentum ansehen, gleichgültig, ob sie einen materiellen Wert haben oder nicht.

Diese Übung ist von dreifachem Wert:

1. Wir betrachten die Neigung des Geistes, sich an Gegenstände zu klammern, und erkennen, wie dies verhindert, dass wir die Dinge so sehen, wie sie wirklich sind.
2. Wir denken darüber nach, dass die Natur der Dinge ihre Nicht-Stabilität und Unbeständigkeit ist – dies gilt auch für Gegenstände, die ganz massiv erscheinen. (Diese Sicht der Dinge entspricht auch dem Verständnis der modernen Naturwissenschaften.)
3. Wir überwinden die weit verbreitete Angst, wir könnten nicht visualisieren. Da wir den Gegenstand ständig vor Augen haben, brauchen wir uns hier gar nicht besonders anzustrengen. So lernen wir mühelos, eine Visualisierung aufzubauen und sie auch wieder loszulassen.

Die Übung

Nehmt euch mindestens fünf Minuten zur Einstimmung. Setzt euch bequem hin und haltet den Rücken aufrecht. Spürt den Raum um euch und achtet auf die Körperempfindungen, während er auf dem Boden ruht. Spürt, wie der Atem in den Körper eintritt und ihn wieder verlässt – macht wenn nötig eine Atemübung zur Entspannung und fangt dann mit der Übung an.

Es geht darum, einen Gegenstand zu nehmen und ihn im Geiste in einen Regenbogen zu verwandeln. Zuerst nehmt ihr einen Gegenstand, der euch gehört und nicht besonders wertvoll ist. Stellt ihn gut sichtbar vor euch hin. Überlegt, welchen Wert er hat, und denkt darüber nach. Lasst die Augen weiterhin geöffnet und visualisiert nun den gleichen Gegenstand vor euch im Raum. Stellt euch dann vor, ihr zerbrecht ihn in Stücke. Zerbrecht ihn nach und nach in immer kleinere Teile und zerstört diese gründlich. Zum Schluss stellt ihr euch vor, dass die winzigen Stücke pulverisiert werden. Die Teilchen sind so klein, dass sie fast unsichtbar sind. Sammelt diese Partikel zu einem Häufchen zusammen, so dass kein Staubkorn verloren geht. Fragt euch dann: »Wo ist der Gegenstand?« Überlegt: »Als ich anfing, waren da ein Gegenstand, eine Bezeichnung und ein Wert. Wo sind der Gegenstand, die Bezeichnung und der Wert geblieben?«

Verwandelt dann den Staub in eurer Vorstellung in einen Regenbogen. Der Regenbogen kann einfarbig oder vielfarbig sein. Lasst den Gegenstand aus diesem Staub-Regenbogen als Regenbogen-Gegenstand wiedererstehen. Er ist genau wie der ursprüngliche Gegenstand, hat aber keine Festigkeit – er ist ein Regenbogen. Denkt darüber nach, dass er jetzt keinen materiellen Wert mehr besitzt.

Lasst den Regenbogen-Gegenstand zum Abschluss mit dem ursprünglichen Gegenstand vor euch verschmelzen. Achtet darauf, ob sich euer Gefühl für seinen Wert verändert hat.

Haltet bei der Übung die Augen geöffnet und schaut den Gegenstand nicht zu starr an. Werdet ihr während der Meditation müde oder verspannt, legt eine kurze Pause ein, um Augen, Körper, und Geist kurz auszuruhen, oder macht eine der drei oben beschriebenen Entspannungsübungen. Wer leicht abzulenken ist, sollte die Pause nicht zu lang machen, sondern nur kurz aufstehen und sich strecken oder Ähnliches. Geht nicht mittendrin aus dem Zimmer oder sprecht mit jemand, sonst wird es sehr schwer, wieder in die Übung hineinzukommen.

Nehmt jedes Mal, wenn ihr die Übung durchführt, einen anderen Gegenstand. Wählt zu Beginn etwas, das euch nicht sehr viel bedeutet, nach einer Weile könnt ihr euch an etwas Wertvolles heranwagen. Sucht verschiedenartige Gegenstände aus. Nehmt zum Beispiel ein Gemälde. Zerlegt es in eurer Vorstellung nach und nach, kratzt die Farbe ab, zerbröselt sie, zerreißt die Leinwand und zerbrecht den Rahmen. Nehmt bei einem Wandteppich die Fäden auseinander und zerreißt sie in kleinste Stücke.

Macht diese Meditation eine Woche lang für jeweils eine Stunde.

FRAGE: Ist es genauso wirkungsvoll, sich den Gegenstand und den Zerstörungsprozess mit geschlossenen Augen vorzustellen, wenn uns das leichter fällt?

RINPOCHE: Glaubst du, dass du die Übung mit geschlossenen Augen besser durchführen kannst, ist das in Ordnung. Im Allgemeinen empfiehlt es sich aber, die Augen so viel wie möglich geöffnet zu halten.

FRAGE: Ich habe festgestellt, dass ich den Gegenstand, den ich betrachte, nach der Übung noch mehr schätze als vorher, sein Wesen, das ihn ausmacht. Ist das auch Sinn und Zweck dieser Übung?

RINPOCHE: Ja! Erkennst du, dass alle Dinge in ihrer Essenz nicht substantieller sind als ein Regenbogen, wirst du ihr wahres Wesen mehr schätzen. Dann gehst du auch richtig mit ihnen um.

FRAGE: Was ist, wenn man beginnt, den Regenbogen vorzuziehen und Gefallen daran findet, die Form des massiven Gegenstandes zu zerstören? Ist das nicht eine falsche Herangehensweise?

RINPOCHE: Das ist nicht unbedingt falsch, jedenfalls für den Moment. Natürlich ist es nicht gut, wenn man sich völlig mitreißen lässt – da muss es eine Grenze geben. Das Wort »zerstören« klingt nach Gewaltanwendung. »Zerstören« und »verstehen« sind aber zwei verschiedene Dinge. Was wir hier versuchen, ist, die Natur des Gegenstandes zu verstehen – den Prozess, wie er entstanden ist. Nehmen wir als Beispiel ein Kunstwerk. Wenn du damit die Übung machst, dann stellst du dir zuerst vor, die roten Farbpigmente aus dem Bild zu entfernen, dann die gelbe Farbe usw. Jedes Mal, nachdem du im Geist eine Farbe entfernt hast, stellst du dir das Ergebnis vor. Dann nimmst du die einzelnen Fäden der Leinwand weg und verstehst dadurch, wie diese hergestellt wurde. Es ist ein bisschen, wie wenn du ein Video von der Herstellung des Gemäldes hast. Du verstehst dadurch, dass das Gemälde nichts Festes, Solides ist. Die einzelnen Farbflecken oder die Fäden der Leinwand sind für sich kein Grund für eine gefühlsmäßige Bindung oder ein Leiden. Es ist also nicht so gedacht, dass du dir vorstellst, ein scharfes Messer zu nehmen und die Leinwand voller Wut zu zerstören.

FRAGE: Wenn ich die Übung mit offenen Augen mache, und der Gegenstand vor mir ist, dann lenkt er mich ab und die Übung wird schwierig. Können wir die »Regenbogen«-Übung auch machen, ohne einen Gegenstand vor uns zu haben?

RINPOCHE: Ja. Du kannst dir den Gegenstand vorher anschauen und ihn dir dann vorstellen, oder du kannst dir den Gegenstand gleich nur vorstellen und dann durch die verschiedenen Stadien der Übung gehen.

FRAGE: Sollten wir mit offenen oder geschlossenen Augen visualisieren?

RINPOCHE: Im Allgemeinen ermutige ich dazu, mit offenen Augen zu meditieren und zu visualisieren. Wenn ihr von Anfang an mit geschlossenen Augen übt, kann es später schwer sein, diese Gewohnheit wieder loszulassen. Aber wenn es aus irgendeinem Grund mal unmöglich ist, die Augen offen zu halten, dann können sie auch von Zeit zu Zeit geschlossen werden. Besonders am Anfang kann es in Ordnung sein, mit geschlossenen Augen zu visualisieren und den Gegenstand nur von Zeit zu Zeit als Bezugspunkt zu nehmen. Langfristig gesehen ist es aber sehr wertvoll, wenn wir mit offenen Augen visualisieren können. Auf diese Art entwickeln wir unseren Geist und üben uns darin, dass die Dinge, die wir sehen, keine Ablenkung darstellen. Dies gilt dann für das ganze Leben, nicht nur für die Visualisierung.

Du zähmst deinen Geist, so dass du immer unabgelenkt bleiben kannst, mit offenen oder geschlossenen Augen, wo du auch bist. Auf diese Art entwickeln wir die Freiheit der Wahl über das, was wir denken und fühlen, und lassen uns nicht mehr konditionieren von dem, was wir sehen. Dazu müssen wir lernen, inmitten von Ablenkungen zu meditieren, statt sie immer von uns fernhalten zu wollen.

(Es werden viele Meditationstechniken gelehrt, bei denen die Augen geschlossen sein sollen. Im ersten Monat kann das in Ordnung sein, aber nach einem Jahr können die Übenden sehr angespannt werden. Das passiert nicht in gleicher Weise bei Meditierenden, die die Augen offen lassen. Es kann auch schwer sein, mit offenen Augen zu meditieren, wenn wir für einige Jahre mit geschlossenen Augen meditiert haben, man kann sogar ein Gefühl der Panik bekommen. Daher ist es eigentlich am besten, von vornherein richtig zu üben. Aber wie gesagt, es schadet nicht, wenn wir von Zeit zu Zeit die Augen schließen, um uns zu entspannen.)

FRAGE: Einer der Gegenstände, mit dem ich die Übung mache, ist ein Geschenk meiner Mutter, und ich spüre großen Widerstand, ihn in Stücke zu schlagen. Wie gehe ich damit um?

RINPOCHE: Wie bereits gesagt, der Grundgedanke der Übung ist nicht ein Zerstören. Es kann kompliziert werden, wenn wir die Übung mit dieser Idee angehen. Aber wenn du einen Widerstand bei bestimmten Objekten hast, kann die Übung gerade damit um so wertvoller und bedeutsamer für dich sein. Es ist weise, in so einem Fall langsam und schrittweise vorzugehen. Alles, was wir erleben, mögen wir entweder, mögen es nicht oder fühlen uns neutral ihm gegenüber. Manchmal gefällt uns etwas sehr, und ein paar Tage später gefällt es uns nicht mehr. Das bedeutet, wenn wir heute eine bestimmte Vorliebe haben: »Dieses Objekt möchte ich nicht auflösen«, kann zu einer anderen Zeit dieses Gefühl ganz anders sein. Eine der wichtigen Entdeckungen dieser Übung ist, wie wir Wertvorstellungen auf Objekte projizieren. Jeder Gegenstand besteht aus Atomen oder noch kleineren Teilen – obwohl er uns ziemlich solide vorkommt, ist er es in seiner eigentlichen Natur nicht. Der Gegenstand kann gestohlen werden oder zerbrechen. Wenn wir dann die »Regenbogen«-Übung machen, können wir lernen, über das Offenkundige, über die Erscheinung hinaus zu sehen. Und dann bist du in der Lage, die Kostbarkeit des Geschenks deiner Mutter zu behalten, gleich ob der Gegenstand da ist oder nicht. Wenn du die »Regenbogen«-Übung gut verstehst, kannst du ihn erst richtig schätzen. Solange du das noch nicht verstanden hast, wirst du leiden, wenn der Gegenstand verloren geht oder zerbricht. Wenn du die vergängliche, nicht-solide Natur des Gegenstandes verstanden hast, wird er mehr statt weniger wert sein.

FRAGE: Ich spüre eine Menge Ärger oder Widerstände dagegen, wertvolle Gegenstände aufzulösen.

RINPOCHE: Es ist wichtig, am Anfang nichts zu erzwingen. Fang mit einem Gegenstand an, bei dem es dir keine Probleme macht, ihn aufzulösen. Wenn das zufriedenstellend klappt, kannst du zu schwierigeren Gegenständen übergehen.

FRAGE: Bei Dingen wie einem Geldschein oder einem großen Werk der Literatur habe ich das Gefühl, dass sie nicht mir gehören und ich daher kein Recht habe, sie zu zerstören. Wie gehe ich damit um?

RINPOCHE: Der Grundgedanke der »Regenbogen-Übung ist nicht die Zerstörung. Der Sinn des Auflösens ist, zu verstehen dass der Geldschein oder das Buch nur etwas auf Papier Gedrucktes ist – ein Prozess. Sie sind nichts Festes oder etwas, das wirklich irgendjemandem gehört. Die Übung besteht darin, dies zu verstehen – nicht zu zerstören, sondern die wirkliche Natur des Gegenstandes anzuerkennen.

FRAGE: Diese Übung bringt eine Menge Anhaftungen hoch – ich merke, wie ich manche Dinge nicht loslassen möchte. Könnten Sie bitte etwas dazu sagen?

RINPOCHE: Ich denke, all unsere Emotionen oder Gefühle, gleich ob sie positiv oder negativ sind, alle müssen sich ändern. Sie ändern sich ohnehin die ganze Zeit, genau wie die Gegenstände. Wir müssen lernen, diese Vergänglichkeit zu akzeptieren – auf diese Weise werden wir weniger verhaftet sein an das, was wir tun. Allgemein gesprochen: Um unseren Geist zur Reife zu bringen, müssen wir starke Anhaftungen loslassen.

FRAGE: Ich finde das Visualisieren schwierig. Was soll ich machen?

RINPOCHE: Viele Menschen sagen, dass sie nicht visualisieren können, aber im Allgemeinen stimmt das nicht. Jeder hat den Samen zur Visualisierung in seinem Geist. Es ist eine innere Erfahrung die kraftvoll, lebendig und klar ist. Wenn jemand verliebt ist und die geliebte Person mit jemand anderem zusammen ist, dann können wir uns das in jedem Detail, einer ganzen Abfolge von Ereignissen vorstellen, das geht ganz ohne Anstrengung! In so einer Situation können wir noch nicht einmal aufhören damit – wir sind außer Kontrolle. Aber wenn wir in den Übungen visualisieren, dann geht es gerade um Kontrolle. Da unser Geist sich ohnehin immer etwas vorstellt, warum sollten wir diese Fähigkeit nicht in etwas Positives und Nützliches verwandeln? Dies kann uns helfen, unseren Geist zu heilen und unser Verständnis zu vertiefen.

Manche Leute sagen, sie könnten nicht visualisieren, dass es ihnen zu schwierig wäre. Aber es ist eine Frage, wie viel Anstrengung du zu investieren bereit bist. Der Prozess geht leichter, wenn du es aus ganzem Herzen machst.

FRAGE: Würde der Ausdruck »sich etwas vorstellen« die Bedeutung des Wortes »visualisieren« wiedergeben?

RINPOCHE: Ja. Die Bedeutung ist ganz ähnlich – wenn du Hunger hast, stellst du dir gutes Essen vor oder du visualisierst gutes Essen. Das ist ziemlich das Gleiche.

6. Der Spiegel

Ziel der nächsten Übung ist es, den Vorgang der Projektion besser zu erkennen und zu verstehen. Mit Projektion ist hier die Gewohnheit unseres Geistes gemeint, die Dinge außerhalb von uns im Licht unserer eigenen Gefühle und Einstellungen zu sehen. Wenn wir schlecht gelaunt sind, finden wir bekanntlich ständig etwas außerhalb unserer selbst, das unser Unglücklichsein rechtfertigt und verstärkt. Erkennen wir diesen Vorgang der Projektion und übernehmen Verantwortung dafür, sind wir schon auf dem Weg zu einem reiferen Bewusstsein.

Fehlt uns aber das Bewusstsein über den Prozess der Projektion, entstehen viele gefährliche und schwierige Situationen. Wir sehen bei unseren Familienangehörigen und Bekannten viele Fehler, verleugnen sie aber bei uns selbst. Wir merken nicht, dass wir die Eigenschaften, die wir uns am wenigsten eingestehen wollen, am ehesten auf andere projizieren und dann sehr heftig darauf reagieren. Genauso projizieren wir unsere positiven Fähigkeiten auf andere. Wir übernehmen auf diese Weise keine Verantwortung dafür, sie in uns zu pflegen und anzuerkennen, sondern finden lieber die anderen wunderbar und uns selbst hoffnungslos schlecht.

Durch die Übung »Der Spiegel« lernen wir, mit unseren Gefühlen zu arbeiten – wir nehmen wahr, wie wir sie projizieren. In Phase 1 können wir Gefühle, die nicht hilfreich für uns sind, erkennen und loslassen, und die, die es sind, pflegen und entwickeln. In Phase 2 sehen wir, wie die Projektionen zu uns zurückkehren und so lange all unsere Erfahrungen beeinflussen, bis wir sie als das erkennen, was sie sind. Es ist wichtig, diese Übung immer nur für kurze Zeit durchzuführen, etwa fünfzehn oder zwanzig Minuten lang, ein- oder zweimal am Tag. Zu Beginn und am Ende der Übung sollte man sich mindestens fünf bis zehn Minuten entspannen.

Die Übung

Nehmt euch mindestens fünf Minuten zur Einstimmung. Setzt euch bequem hin und haltet den Rücken aufrecht. Spürt den Raum um euch und achtet auf die Körperempfindungen, während er auf dem Boden ruht. Spürt, wie der Atem in den Körper eintritt und ihn wieder verlässt – macht, wenn nötig, eine Atemübung zur Entspannung und fangt dann mit der Übung an.

Phase 1
Setzt euch vor einen Spiegel, vorzugsweise einen, in dem ihr euren ganzen Körper sehen könnt. Macht euch zunächst klar, dass der Spiegel ein Stück Glas ist; er zeigt ein Bild, ein Spiegelbild, das nur kraft eures Sehens »dort« ist und nur aus dem besteht, was ihr darin seht.

Sitzt in den ersten zehn Minuten einfach entspannt da, haltet die Augen entweder geschlossen oder nach unten gerichtet, und seid euch der verschiedenen Empfindungen, Gedanken und Gefühle bewusst. Bemüht euch, Positives wie Negatives gleichermaßen wahrzunehmen. Beginnt der Geist nach einigen Minuten, sich zu beruhigen, betrachtet euer Spiegelbild. Seht euch zunächst einfach an und nehmt wahr, welche Gedanken und Gefühle aufkommen. Richtet die Aufmerksamkeit dann nur auf das Ausatmen und atmet alle Gedanken, Gefühle und Empfindungen in den Spiegel hinein. Spürt, wie ihr nach und nach leerer werdet, die Gefühle loslasst und sie in den Spiegel hineinatmet. Spürt, wie ihr euch ganz und gar in den Spiegel verlegt. Lasst ein Gefühl von Leichtigkeit und Durchlässigkeit entstehen, ein Gefühl von Raum zwischen euch und euren Gedanken.

Nach zehn oder fünfzehn Minuten wählt ihr die positiven Eigenschaften aus und nehmt sie vom Spiegel wieder in euch auf; alle negativen Eigenschaften, die ihr nicht unbedingt braucht, lasst ihr im Spiegel zurück.

Seid euch bewusst, dass alles, was ihr im Spiegel seht, Projektionen sind, die ihr selbst geschaffen habt. Durch eure Entscheidung und euer Verstehen könnt ihr die von euch als rein und gut erkannten Eigenschaften zu euch zurückholen.

Nachdem ihr fünfzehn bis zwanzig Minuten lang mit den Projektionen im Spiegel gearbeitet habt, entspannt euch für fünf bis zehn Minuten und lasst die Gedanken einfach kommen und gehen.

Diese erste Phase dauert mindestens eine Woche oder so lange, bis ihr die Gefühle leicht in den Spiegel hineinprojizieren könnt und ihr ein gewisses Vertrauen gewonnen habt zu einer Erfahrungsweise, welche die Dinge nicht so solide sieht. Geht erst dann zur zweiten Phase über, wenn ihr dieses Vertrauen habt.

Phase 2

Sitzt, genau wie in Phase 1, zu Beginn einfach da und lasst den Geist zur Ruhe kommen. Schaut dann euer Spiegelbild an und tauscht alles, was ihr denkt dass es euch ausmacht, mit der Person aus, die ihr im Spiegel seht. Atmet bei jedem Ausatmen alles, was ihr in euch fühlt, in die Person hinein, die ihr vor euch seht. Nehmt bei jedem Einatmen alle Gedanken und Gefühle, die ihr in dieser Person seht, in euch auf. Seid euch bei diesem fortgesetzten Austausch ganz bewusst, dass es sich bei allem, was ihr erlebt, ausschließlich um eure eigene Projektion handelt. Es ist wichtig, nicht zu analysieren, sondern die Übung einfach durchzuführen, den Zeitplan einzuhalten und sich am Ende zu entspannen.

Die Übung »Der Spiegel« ist sehr wichtig; sie öffnet uns für die wahre Grundlage der Erfahrungen, die wir mit uns und anderen machen. Viele spätere Übungen beschäftigen sich mit einem Austausch zwischen uns und projizierten Bildern von Freundinnen, Freunden, Familienmitgliedern, Feinden usw. Diese Übungen sind erst dann wirklich wirksam, wenn wir ein tiefes und gründliches Verständnis dafür entwickelt haben, was wir unter »unsere eigenen Projektionen« verstehen. Wir sollten diese Übung also auf keinen Fall auslassen, wenn wir mit diesem Kurs fortfahren möchten.

Habt ihr aber sehr große Probleme mit dieser Übung oder seht ihr euch aufgrund starker Ängste oder anderer massiver Reaktionen nicht in der Lage, sie zu Ende zu führen, könnt ihr zu der Übung »Das Potenzial erwecken« über gehen, danach mit »Ausdehnen und Zusammenziehen« fortfahren und schließlich »Die Regenbogenkugel« durchführen. Vielleicht seid ihr nach einiger Zeit bereit, die Spiegel-Übung wieder aufzunehmen, und könnt im Anschluss daran auch andere Projektionsübungen durchführen.

Der Zeitplan:

Phase 1: 15 – 20 Minuten, ein- bis zweimal täglich, mindestens eine Woche lang.

Phase 2: 15 – 20 Minuten, einmal täglich, drei bis vier Wochen lang.

FRAGE: Rinpoche, während der ersten Phase konnte ich viele schmerzhafte Empfindungen von meinem Körper in den Spiegel übertragen, das war eine große Erleichterung. Aber ist das nicht nur ein Trick?

RINPOCHE: In gewisser Weise kann man alle Übungen als Tricks bezeichnen; sie sind aber eine Methode, unseren Geist zu schulen. Die Übungen können Schmerzen und Leiden nicht wirklich wegnehmen, trotzdem kann eine vorläufige Erleichterung eintreten.

FRAGE: Ich habe mich gefragt, ob die Spiegel-Übung nicht auch dazu dient, uns etwas über Vergänglichkeit beizubringen. Kann ich sie so betrachten? Oder sollte ich mich darauf beschränken, meine Gefühle in den Spiegel zu verlegen und wieder zurückzuholen?

RINPOCHE: Du kannst dir das Spiegelbild ansehen, seine Unwirklichkeit und Vergänglichkeit erkennen und diese Sichtweise auf alles ausdehnen, was du siehst, oder du kannst die Übung einfach für einige Zeit darauf beschränken, Spannungen zu lösen und innere Probleme an die Oberfläche kommen zu lassen. Das ist auch hilfreich. Es bleibt dir überlassen, wie du die Übung verwendest.

FRAGE: Wenn ich all meine negativen und schlechten Erfahrungen im Spiegel zurücklasse, ist das nicht irgendwie unordentlich? Sollte ich den Spiegel nicht im Geiste reinigen, bevor irgend jemand anderes ihn wieder benutzt?

RINPOCHE: Nein, das halte ich nicht für nötig. Der Spiegel spürt keinen Schmerz und kein Leid, er hält auch nichts fest. Es geht darum, einen Teil unseres Schmerzes und unseres Leidens loszulassen und uns selbst ein bisschen leerer zu machen. Es ist wie bei einer Tasse Tee – wenn sie zu voll ist, kannst du sie nicht hochheben, ohne etwas zu verschütten, du musst einen Teil auskippen. Ähnlich ist es mit den Gefühlen – du musst dich selbst etwas leerer machen. Der Spiegel hilft dabei.

FRAGE: Als ich die zweite Phase durchführte, machte mich das, was ich im Spiegel sah, sehr unglücklich. Als ich es in mich aufnahm, fühlte ich mich noch schlechter. Das Einzige, was mir half, war, mich zu erinnern, dass weder meine Gefühle noch das Spiegelbild Bestand haben. War das der richtige Weg, mein Problem zu lösen?

RINPOCHE: Ja. Wenn du in den Spiegel schaust, ist das Wichtigste die Erkenntnis, dass das, was du siehst, keine unveränderliche Beständigkeit besitzt. Tauchen also während der Übung freudige oder deprimierende Gefühle auf, so nimm weder die einen noch die anderen allzu wichtig. Da beide keinen Bestand haben, sollte man diesen Gefühlen nicht zu viel Wert beimessen.

FRAGE: Was ist, wenn seltsame visuelle Effekte auftreten, wenn ich in den Spiegel schaue?

RINPOCHE: Sich selbst auf irgendeine verzerrte Art sehen ist nicht der Sinn dieser Übung. Nach einer gewissen Zeit, von Person zu Person unterschiedlich, können optische Verzerrungen auftreten. Wenn das geschieht, dann ruhe deine Augen aus, entspanne dich, und fang wieder an. Das sind physische Erscheinungen, die durch Überanstrengung der Augen entstehen. Mach dir keine Gedanken darüber. Der

Sinn der Übung ist, sich selber klarer zu sehen, so wie man wirklich ist – und nicht, sich mit optischen Verzerrungen zu beschäftigen. Wenn diese anhalten, kannst du die Sitzungen verkürzen.

FRAGE: Ich kann den Vorgang der Projektion intellektuell verstehen, aber ich kann dies nicht auf mich selbst anwenden.

RINPOCHE: Mach ganz einfach weiter und wende es trotzdem an, so wie du es eben kannst und verstcht.

7. Freunde

Das Thema dieser Übung ist es, Anhaftungen zu verstehen. An einigen Menschen und Dingen hängen wir so sehr, dass es uns schwerfällt, zwischen ihnen und uns zu unterscheiden. Diese Übung hilft uns auch, unsere Freunde besser zu verstehen – auf der Grundlage von allem, was wir über sie wissen, und nicht danach, was wir von ihnen wollen. Beim Austauschen geben wir auch, was wir über uns selbst wissen, und wir können uns so auch gegenüber Nahestehenden mehr öffnen. Unsere Bereitschaft und Fähigkeit, uns auszudrücken und ihnen etwas zu geben, kann dadurch wachsen. In dieser wie auch in allen anderen Übungen ist eine positive Motivation von entscheidender Bedeutung. Das Austauschen hilft uns dabei, uns und unsere Freunde besser zu verstehen und dadurch mehr Mitgefühl zu empfinden und entsprechend zu handeln. Wir wiederholen sonst vielleicht unaufhörlich negative Verhaltensweisen, die von unserem selbstsüchtigen und einseitigen Standpunkt ausgehen.

Die Übung

Nehmt euch mindestens fünf Minuten zur Einstimmung. Setzt euch bequem hin, haltet den Rücken aufrecht. Spürt den Raum um euch, achtet auf die Körperempfindungen. Spürt, wie der Atem in den Körper ein- und ausströmt – macht eventuell eine Atemübung zur Entspannung und fangt dann mit der Übung an.

1. Erste Sitzung – Projektion

Denkt an eine Person, an der ihr sehr hängt – jemanden, mit dem ihr sehr gerne zusammen seid, dem ihr euch nahe fühlt –

ein Elternteil, Ehefrau, Ehemann, Freund, Freundin, Liebhaber, Kind oder eine andere euch nahestehende Person. Seht diese Person vor euch und spürt vor allem, dass sie wirklich da ist. Lasst euch für diese Gedanken und diese Vorstellung genügend Zeit, damit vor euch ein klares Bild von dieser Person und ein deutliches Gefühl für ihre Anwesenheit entsteht.

Macht das etwa zehn bis fünfzehn Minuten lang und legt dann eine kurze Pause ein.

2. Sitzung – Austausch

Stellt euch beim Einatmen vor, dass ihr die Person, die vor euch sitzt, in euch hineinatmet. Beim Ausatmen atmet ihr euch selbst in diese Person hinein. Eure jeweilige äußere Erscheinung bleibt unverändert, aber nach und nach werden die Inhalte ausgetauscht. Beim Ausatmen fließen allmählich all eure Gedanken, Gefühle, Empfindungen und Wünsche in diesen Menschen hinein, und beim Einatmen nehmt ihr seine Gedanken und Gefühle auf. Es muss nicht bei jedem Atemzug ein Austausch stattfinden. Versucht, das Hin-und Herfließen so natürlich und leicht wie möglich geschehen zu lassen – alles, was auftaucht, wird aufgenommen oder abgegeben, weder wird es zensiert noch strukturiert. Macht diese Übung eine halbe Stunde lang. Am Ende der Sitzung bleibt es euch überlassen, ob ihr das Gefühl beibehaltet, ihr wäret dieser Mensch, oder ob ihr zu euren eigenen Gefühlen zurückkehrt. Auf jedem Fall solltet ihr das Verständnis für diese Person bewahren.

Macht diese Meditation einmal täglich für fünfundvierzig Minuten und zwar drei bis vier Wochen lang. Im Lauf dieser Zeit solltet ihr euch in der Übung auf verschiedene euch nahestehende Menschen konzentrieren.

FRAGE: Was soll ich tun, wenn die Person, an die ich denke, nicht stillsitzt, sondern dauernd umherwandert, erscheint und wieder verschwindet?

RINPOCHE: Das macht nichts. Sie muss nicht sitzen, du bist derjenige, der sitzt.

FRAGE: Bei dieser Übung fühle ich mich die meiste Zeit über völlig blockiert, was wohl daher kommt, dass ich Angst davor habe, in dieser Form zu nehmen und zu geben. Das Gefühl der Getrenntheit ist sehr groß. Was soll ich tun?

RINPOCHE: In diesem Fall solltest du noch eine Weile bei der Übung »Der Spiegel« bleiben, um das Gefühl, dass alles undurchlässig und kompakt ist, aufzulösen. Deine Probleme, vor allem die Schwierigkeiten beim Austausch, entstehen durch diese Vorstellung. Da du diese Angst hast, solltest du die Spiegel-Übung solange durchführen, bis du sie überwunden hast.

FRAGE: Ist es nicht etwas anmaßend oder sogar gefährlich, auf diese Art die gesamten Erfahrungen einer anderen Person zu übernehmen?

RINPOCHE: Nein, diese Gefahr besteht nicht. Du müsstest schon sehr weit fortgeschritten sein, um das zu können. Da du mit der rechten Motivation übst, wirst du, wenn dieses Problem einmal auftaucht, damit fertig werden.

FRAGE: Wenn ich mich mit einer Person schon sehr eng verbunden fühle, sehr mit ihr beschäftigt bin und sehr an ihr hänge, wird dann die Anhaftung durch diesen Prozess, bei dem man ihr geistig sehr nahe ist, nicht noch verstärkt?

RINPOCHE: Nein. Dieses Problem kann übrigens auch mit der Spiegel-Übung gelöst werden.

FRAGE: Was kann ich tun, wenn ich während der Übung die körperlichen und seelischen Probleme der anderen Person sehr stark empfinde, ihre Schmerzen, von denen ich vorher gar nichts wusste, und wenn mich diese Erfahrungen überwältigen und ich nicht weiß, wie ich helfen kann?

RINPOCHE: Ich kann mir nicht vorstellen, dass dies geschieht. Das meiste von dem, was du fühlst, ist dein eigener Schmerz; du wirst wohl kaum in der Lage sein, das Leiden der anderen Person zu empfinden. Selbst wenn es mehr als Einbildung ist, ist die richtige Haltung, sehr viel Mitgefühl für die andere Person zu haben. Du erkennst genau, was schmerzlich ist, was sie durchmacht, und du wünschst dir: »Möge ich in der Lage sein, zu helfen.«

FRAGE: Wie lang sollte man bei einem Menschen bleiben, bevor man zum nächsten wechselt, und ist es günstiger, mit den Freundschaften anzufangen, die »einfacher« sind und weniger Anhaftungen beinhalten?

RINPOCHE: Du kannst dich mit einer Person beschäftigen, solange es nötig ist. Es ist gut, sowohl mit Menschen zu arbeiten, die einem sehr nahestehen, als auch mit solchen, die einem etwas ferner sind.

8. Das Potenzial erwecken

In dieser Übung ist eine Sphäre, eine Kugel aus goldenem Licht, Symbol für den erwachten Geisteszustand, für völlige Bewusstheit und vollkommene Weisheit, verbunden mit umfassendem Mitgefühl. Wer Widerstände oder Probleme damit hat, sich eine Kugel aus reinem, goldenem Licht vorzustellen, kann auch Buddha, Christus oder einen großen spirituellen Meister oder eine Meisterin visualisieren, um die gleichen Qualitäten auszudrücken: Erwachtheit, Mitgefühl und vollständige Reinheit des Geistes. Hat man Vertrauen in Buddha oder Christus, wird dies sehr effektiv sein. Der wesentliche Punkt, an den man sich erinnern sollte, sind die Qualitäten von Weisheit und Mitgefühl, und man sollte die Form verwenden, auf die man sich am besten und nutzbringendsten beziehen kann.

Die Übung

1. Die Grundlage

Nehmt euch mindestens fünf Minuten zur Einstimmung. Setzt euch bequem hin und haltet den Rücken aufrecht. Spürt den Raum um euch und achtet auf die Körperempfindungen, während er auf dem Boden ruht. Spürt, wie der Atem in den Körper eintritt und ihn wieder verlässt. Falls die Atmung sich beengt anfühlt, macht eine der bereits erwähnten Atemübungen. Richtet dann die Aufmerksamkeit auf die Ausatmung, lasst Anspannungen und Ablenkungen los, und wenn ihr euch entspannt fühlt, beginnt ihr mit der Übung.

Vergewissert euch, dass eure Haltung aufrecht ist, und stellt euch dann einen aufgerichteten gelben Lotos im Zentrum eures

Körpers vor. Visualisiert einen Hohlraum, eine Röhre, die an eurem Scheitel beginnt (da, wo die Haare einen Wirbel bilden). Der obere Teil der Röhre ist wie ein großer Trichter geformt; er ist weit geöffnet. Die Röhre reicht in euren Körper hinein und endet im Herzen des Lotos. Sie hat keine bestimmte Farbe.

2. Die Einladung
Stellt euch direkt über der Öffnung des Trichters eine Kugel aus goldenem Licht in beliebiger Größe vor. Fühlt und seht, wie euer Körper immer mehr an Festigkeit verliert, wie er immer offener und durchlässiger wird.

3. Das Aufnehmen
Bringt die wunderschöne, durchsichtige Kugel durch den Trichter hinunter zum Zentrum eures Körpers, ins Herz des Lotos. Stellt euch weder die goldene Lichtform noch euren Körper fest und undurchlässig vor.

Führt diese Meditation 45 Minuten lang durch und macht danach eine Pause.

4. Die Entspannung
Führt die Entspannungs-Meditation durch. Ihr könnt dabei sitzen oder liegen, aber es ist wichtig, dass ihr euch genug Zeit zum Loslassen gebt. Diese Entspannungsphase ist lang, sorgt dafür, dass ihr es bequem und warm habt, vielleicht mit einem kleinen Kopfkissen – aber nicht so bequem und warm, dass ihr einschlaft. Wenn ihr die Entspannungsphase im Sitzen macht, dann entspannt den Rücken, er muss hier nicht vollkommen gerade sein.

Lasst euren Geist ausruhen, lasst Gedanken, Gefühle und Vorstellungen in einem leichten Fluss kommen und gehen.

Denkt darüber nach, dass die Essenz von Erwachtheit und Mitgefühl jetzt in euch und in allem um euch herum ist. Es gibt keine undurchlässigen, festen Körperteile oder Organe, keine Schmerzen und keine Spannungen mehr. Alles darf sich in diese Ruhe und einen friedvollen Geisteszustand hinein auflösen.

Macht die Entspannungsphase etwa eine Stunde lang. Die gesamte Sitzung dauert dann also ungefähr eine Stunde und 45 Minuten und sollte eine Woche lang täglich durchgeführt werden.

FRAGE: Wo soll man sich das Zentrum des Körpers genau vorstellen?

RINPOCHE: Im Allgemeinen ist damit die Herzregion gemeint, aber das ist nicht die einzige Möglichkeit. Es hängt davon ab, wo eurem Empfinden nach euer Körperzentrum liegt.

FRAGE: Wenn ich die Form einer Lichtkugel in meinem Geist nicht wirklich sehen kann, reicht dann das Gefühl, dass sie da ist?

RINPOCHE: Ja, unser Ziel ist es, einen Ort für die grundlegende Gutheit unseres Geistes zu finden – die genaue Form ist zweitrangig.

FRAGE: Rinpoche, manchmal tauchen statt des goldenen Lichtes andere Farben auf. Soll ich mich weiter darum bemühen, eine goldene Farbe zu sehen?

RINPOCHE: Ich denke schon, dass ein goldener Farbton am besten geeignet ist.

FRAGE: Wie kann man das leichter erreichen?

RINPOCHE: Schaut euch einen Gegenstand aus goldenem Material an. Kommt euch die Farbe bei der Betrachtung sehr undurchlässig vor, seht sie euch in einem Spiegel an. Auf diese Weise gewinnt ihr eine Vorstellung von ihrer Transparenz.

FRAGE: Während der Entspannungsphase am Ende der Übung ist mein Geist häufig ganz und gar nicht friedvoll; es kommen viele Gefühle hoch. Was kann ich da tun?

RINPOCHE: Versuche, soviel Frieden zu finden, wie du eben kannst, und lass alle Gefühle, Gedanken und Vorstellungen sich darin auflösen. Selbst wenn du nur ein wenig Frieden findest, nur ein Prozent Frieden, kannst du diesen Teil der Übung trotzdem abschließen.

FRAGE: Wenn man nicht die Zeit hat, die Übung eine Stunde und 45 Minuten lang durchzuführen, ist es dann trotzdem wichtig, jedes Mal am Ende die Entspannungsübung zu machen?

RINPOCHE: Ja, das ist wichtig. Wieviel Zeit ihr auch zur Verfügung habt, versucht das Verhältnis der verschiedenen Übungsphasen zueinander beizubehalten.

FRAGE: Warum gibt es all die verschiedenen Zeitangaben für die Übungen? Sind für diese Übung »Das Potenzial erwecken« wirklich eindreiviertel Stunde notwendig?

RINPOCHE: Einige Übungen sollten länger gemacht werden als andere. Wenn wir uns mit etwas sehr Tiefem beschäftigen, wie in dieser Übung, dann ist es notwendig, uns mehr Zeit dafür zu geben. »Das Potenzial erwecken« ist die wichtigste Übung - sie ist ein sehr wirkungsvolles Mittel, unsere wahre Natur zu verstehen.

Die bisherigen Fortschritte

Bevor wir zur nächsten Übung kommen, wollen wir noch einmal die Bedeutung und die Entwicklungsschritte der bisherigen Übungen betrachten. Alle Übungen bauen aufeinander auf. Vielleicht versteht ihr das zuerst nicht; wenn ihr aber weiter praktiziert, wird aus eurem Bemühen heraus zunehmend Verständnis erwachsen.

Wir haben es hier mit unseren alltäglichen Erfahrungen zu tun. Wir versuchen nicht, etwas davon völlig Unabhängiges, völlig Neues zu schaffen. Wir haben Probleme im Leben, die wir selbst geschaffen haben. Und genau aus diesem Grund, weil wir sie selbst geschaffen haben, besitzen wir auch den Schlüssel, uns von ihnen zu befreien.

Begonnen haben wir mit den Übungen zur Entspannung, zum Spüren und zur Entwicklung von Mitgefühl; dann folgten die »Regenbogen«-Meditation – das Auflösen stofflicher Gegenstände in eine weniger feste Form. Danach kamen die Spiegel-Übungen und der Austausch mit Freunden. Die Übungen »Regenbogen«, »Freunde« und »Das Potenzial erwecken« zeigten uns, dass wir visualisieren können; es ist nur noch eine Frage der Intensität. Um unsere Vorstellungskraft zu verbessern, können wir unsere Anhaftungen an einen Freund oder eine geliebte Person zum Ausgangspunkt nehmen und dann versuchen, ein ebenso klares Bild von Buddha oder der goldenen Kugel zu entwickeln. Dieser Prozess hängt davon ab, in welchem Maße wir uns auf die Person oder die Projektion einlassen. Sind wir zum Beispiel verliebt oder stehen in einer engen Beziehung zu jemandem, können Bilder dieses Menschen ganz spontan und machtvoll in uns auftauchen.

Wir alle können visualisieren, die Ergebnisse hängen jedoch davon ab, wie viel Zeit und Energie wir aufzuwenden bereit sind. Sind wir nicht imstande zu visualisieren, liegt das wahrscheinlich daran, dass wir uns zu sehr anstrengen und verspannen. Erfreuen wir uns dagegen an der Praxis und vertrauen ihrem potenziellen Nutzen, entstehen Visualisierungen mit der Zeit ganz leicht und natürlich.

Wenn ihr nur einen Freund oder einen Feind sehen könnt, während ihr eine goldene Kugel zu visualisieren versucht, so sorgt euch darüber nicht. Es bedeutet nur, dass ihr euch mehr darum bemühen müsst zu verstehen, dass alle Wesen die Essenz von Mitgefühl und Erwachtheit in sich tragen. Diese Tatsache wird nur verdeckt durch unsere Gewohnheit, Menschen in »Freunde« und »Feinde« einzuteilen, und in ihnen eher ihre negativen als ihre positiven Seiten wahrzunehmen. Obgleich alle die Essenz des erwachten Geistes in sich tragen, brauchen wir Übungen und Visualisierungen, um das zu verstehen.

9. Das Potenzial leben

In der letzten Übung haben wir die goldene Lichtkugel mit den Eigenschaften von Weisheit und Mitgefühl, die wir noch nicht verwirklicht haben, in unserem Körper visualisiert. Beim Studium der Anatomie benutzen wir Modelle wie Bilder unserer Organe, Knochen usw. Wir brauchen unsere Organe für die Untersuchung nicht herauszuholen. Mit der goldenen Lichtkugel in uns ist es genauso – sie ist da, ob wir sie vergessen haben, ob wir sie erkennen können oder nicht. Wir beginnen also mit der Vorstellung eines äußeren Bildes, um Verständnis für das zu entwickeln, was in uns ist.

Die Übung

Nehmt euch mindestens fünf Minuten zur Einstimmung. Setzt euch bequem hin und haltet den Rücken aufrecht. Spürt den Raum um euch und achtet auf die Körperempfindungen beim Sitzen. Spürt, wie der Atem in den Körper eintritt und ihn wieder verlässt – macht wenn nötig eine Atemübung und fangt dann mit der Übung an.

Ziel der Übung ist es, die Qualitäten von Weisheit und Mitgefühl in uns lebendig werden zu lassen. Da wir in der vorigen Übung den Buddha oder seine Entsprechung, die goldene Lichtkugel, im Herzen des inneren Lotos visualisiert haben, brauchen wir den ganzen Prozess des Erschaffens und Hinabsenkens nicht zu wiederholen. Fangt einfach damit an, euch die Lichtkugel im Zentrum eures Körpers vorzustellen. Konzentriert euch darauf und denkt daran, dass euer Körper und die Lichtkugel durchsichtig oder wie ein Regenbogen sind, ohne

Dichte und ohne Gewicht. Haltet ihr euch an das Bild des Körpers als Regenbogen, entstehen auch keine Probleme in Bezug auf die genaue Form, eure Blickrichtung und Ähnliches. Es geht nicht um solide Körper mit einer starren Anordnung.

1. Einen Freund oder eine Freundin als rein sehen

Die goldene Lichtkugel mit allen Eigenschaften von Freundlichkeit und Verständnis befindet sich im Herzen des Lotos im Zentrum eures Körpers. Beim Ausatmen verlässt eine goldene Lichtkugel mit dem Atem den Körper; die ursprüngliche Lichtkugel bleibt im Herzen des Lotos. Lasst den Atem leicht fließen und stellt euch etwa bei jedem Atemzug eine Lichtkugel vor, aber haltet euch nicht zu strikt daran.

Visualisiert nun einen Freund oder eine Freundin vor euch sitzend. Lasst die goldene Lichtform, die euren Körper verlässt, mit dieser Person verschmelzen, so dass sie vollständig eins werden und das eine mitfühlende, völlig erwachte Wesen haben. Wir haben gesehen, wie Zuneigung uns erlaubte, einen geliebten Menschen zu kennen und zu verstehen. Dieselbe Nähe ermöglicht es euch jetzt, die Lichtkugel, die mit dem Freund oder der Freundin verschmolzen ist, zu erkennen und zu verstehen. Mit der Zeit könnt ihr dann den Freund oder die Freundin in seiner / ihrer essenziellen Natur, die Weisheit und Verständnis ist, sehen.

2. Sich selbst als rein sehen

Jetzt werdet ihr selbst zu dieser Form der Weisheit und des Mitgefühls. Sagt euch: »Ich bin die Verkörperung von Erwachtheit und Mitgefühl« oder »Ich bin Buddha«. Ihr selbst und der Freund euch gegenüber seid nun in eurem Regenbogen-Körper, ohne eine Spur eurer früheren Persönlichkeit. Lichtform sitzt Lichtform gegenüber, und es geht nicht mehr um »mich« und »mein Freund.

3. In positivem Stolz ruhen

Wenn ihr wollt, könnt ihr eine weitere Meditationsphase anschließen, die der Entwicklung eines Gefühls von natürlicher Würde oder »positivem Stolz« gewidmet ist. »Stolz« ist nicht gemeint im Sinne von: »Ich habe so viele wunderbare Eigenschaften und bin ein sehr spiritueller Mensch.« Es geht um etwas anderes. Aus der Erkenntnis heraus, dass alle Wesen rein sind, auch wir selbst, entsteht ein tiefer Respekt. Diese Haltung ist das Gegenteil von selbstsüchtigem Stolz, sie lässt ein Gefühl der Nähe zu anderen entstehen und bringt allen Glück. Sie ist tatsächlich ein starkes und wirksames Mittel gegen die Art von Stolz, durch die wir uns von anderen getrennt und ihnen überlegen fühlen. Während ihr euch selbst und euren Freund als erwachte Wesen seht, spürt ihr die natürliche Würde dieser Wirklichkeit und empfindet mit Stolz: »Wir sind beide Buddha.« Ruht eine Weile in dieser Gewissheit.

Werdet ihr während der Meditation unruhig, könnt ihr eine Pause einlegen, die Atemübung zur Entspannung durchführen und die Übung dann wieder aufnehmen. Zwingt euch nicht zu langen Sitzungen, wenn ihr große Unruhe spürt. Macht lieber mehrere kurze Sitzungen mit Pausen. Die Sitzungen können durchaus nur fünf Minuten lang sein. Macht es euch zur Regel, eure eigenen Grenzen zu achten.

Führt diese Übung vier Wochen lang täglich für eine Stunde und fünfzehn Minuten durch.

Bei dieser Übung erkannten wir, dass wir und unsere Freunde essenziell rein sind, Verkörperung von Weisheit und Mitgefühl in Form einer Lichtkugel oder eines Buddha. Dies hat uns in die Lage versetzt, etwas Wichtiges zu verstehen: Sehen wir uns und unsere Freunde als gewöhnliche Menschen, entstehen Wünsche und Anhaftungen, die wiederum zu Greifen, Selbsttäuschung und Hass führen. Sind wir aber beide goldene Lichtsphären, wie kann da Anhaftung entstehen? Besitzergreifende Liebe verwandelt sich so in Respekt. Aus diesem Respekt heraus entwickeln wir die Haltung, allen Menschen helfen zu wollen. Unser Problem ist die Trennung zwischen »ich« und »mein Freund«. Sie führt zu Erwartungen mit all ihren negativen Folgen. Sehen wir aber alle Wesen als essenziell rein, dann wird auch ihr Handeln essenziell rein und wir können sie ohne Erwartungen, Urteile und andere negative Einstellungen betrachten. Es ist wichtig, dass wir diese Übung immer und immer wieder durchführen, damit unser Geist allmählich seine wahre Natur erkennt.

FRAGE: Ist es besser, sich jeden Tag auf eine andere Person zu konzentrieren, und kann es auch ein Gegner sein statt eines Freundes?

RINPOCHE: Wollt ihr euch mit einem bestimmten Problem oder einem Hindernis befassen, könnt ihr so lange mit der Person arbeiten, die dieses Hindernis verkörpert, bis es überwunden ist. Wollt ihr aber einfach in jedem die wahre Natur von Güte und Verständnis erkennen, könnt ihr jeden Tag eine andere nehmen.

FRAGE: Warum wird Stolz als etwas Negatives betrachtet, wenn er doch in der Gesellschaft Menschen dabei hilft, hohe Anforderungen an sich zu stellen und darin anderen ein Vorbild zu sein?

RINPOCHE: Wenn du ein sehr stolzer Mensch bist, ist es, so denke ich, gut, zu Beginn daran zu arbeiten, diesen Stolz in einen positiven Stolz umzuwandeln, wie dies in der Übung beschrieben wurde Langfristig hat jedoch Stolz keinen Wert, weil er so viel Ego enthält. Es ist zum Beispiel nichts dagegen einzuwenden, stolz auf seine Familie zu sein, und zu denken: »Was habe ich für eine nette Familie.« Das Problem ist das, was daraus folgt. Klammern wir uns an die Vorstellung einer netten Familie, erwachsen daraus Probleme.

FRAGE: Was soll ich tun, wenn sich der Freund, auf den ich mich konzentriere, mitten in der Sitzung in jemand anderes verwandelt? Soll ich dem folgen , oder soll ich versuchen, zur ursprünglichen Person zurückzukehren?

RINPOCHE: Zu Beginn versuchst du besser, zur ursprünglichen Person zurückzukehren, um eine gewisse Kontrolle über die Visualisierung zu behalten. Ab einer bestimmten Entwicklungsstufe ist das aber nicht mehr notwendig.

FRAGE: Bis zu einem gewissen Punkt hat die Lichtkugel prima für mich funktioniert, ich fand es aber schwierig, mir mein gesamtes Selbst und das meines Freundes als zwei Lichtsphären vorzustellen, die sich anschauen. Was raten Sie mir? Ich habe das Gefühl, ich sollte besser den Buddha visualisieren. Können Sie dazu mehr erklären?

RINPOCHE: Sprechen wir von Buddha, denken wir meist an den

historischen Buddha, der in Indien geboren wurde und dort lebte – genau wie die meisten Christen die Eigenschaften von Christus mit dem historischen Jesus verbinden. Doch im Zusammenhang mit dem Zustand des Erwachtseins beziehe ich mich auf jede Person, die diese besondere Eigenschaft besitzt, und nicht speziell auf den historischen Buddha. Es ist also nicht wirklich wichtig, ob ihr die Qualität der vollkommenen Erleuchtung als Buddha-ähnlich oder als Christus-ähnlich betrachtet. Die diese Eigenschaft verkörpern, unterscheiden sich nur dem Namen nach.

FRAGE: Was kann ich mit dem Teil von mir tun, der darauf besteht, dass ich kein Mitgefühl habe, nicht sehr bewusst bin, dass ich mir nur etwas vormache?

RINPOCHE: Wenn du kein Mitgefühl hast, ist es meiner Meinung nach gerade Sinn der Übung, es zu entwickeln. Wäre dein Mitgefühl schon voll entwickelt, brauchtest du nicht zu üben.

FRAGE: Die Welt ist voller grausamer und gewalttätiger Menschen; wie können wir glauben, dass sie alle im Grunde mitfühlend und weise sind? Ist das nicht nur Wunschdenken?

RINPOCHE: Wir müssen, so denke ich, als erstes die rechte Motivation entwickeln. Ist uns das gelungen, wird es uns durch die Geistesschulung möglich sein, die grundlegende Reinheit eines jeden Wesens zu erkennen. Dann wirst du die Antwort auf deine Frage vielleicht finden und wirst auch mit dem Rest zurechtkommen.

10. Ausdehnen und Zusammenziehen

Bei der nächsten Übung geht es darum zu erkennen, wie der als fest und undurchlässig wahrgenommene Körper den freien Fluss des Geistes behindert. Wir alle leben in einem physischen Körper; und dies gibt uns das Gefühl, einen Bereich zu haben, den wir als unser eigen betrachten. Wir haben vielleicht alle schon bemerkt, dass ein unglücklicher Geist oft mit Schmerzen im Körper verbunden ist und ein glücklicher Geist meist mit einem entspannten, glücklichen Körper einhergeht. Wir haben bewusste und unbewusste Vorstellungen von unserem Körper, die teilweise sehr festgefügt sind und positiven Veränderungen und der Erfahrung von Freiheit im Weg stehen. Diese Festigkeit gilt es zu überwinden. Wir müssen uns aus dem Griff dieser festgefahrenen Vorstellungen von Geist und Körper befreien. Die Übung »Ausdehnen und Zusammenziehen« kann uns dabei helfen.

Um geistig zu reifen, müssen wir uns mit dem beschäftigen, was in unserem Alltag geschieht. Man kann das eine geistige Therapie nennen – wir befreien uns aus dem Gefängnis unseres engen Geistes, indem wir ihm erlauben, sich zu öffnen und weiter zu werden. Die Praxis ist also ein fortschreitender, sich stufenweise entwickelnder Prozess.

Bei dieser Meditation ist besondere Vorsicht geboten, da leicht Angstgefühle auftauchen können. Brecht die Meditation bei Spannungen oder Ängsten ab, entspannt euch und macht eine der anfangs beschriebenen Entspannungsübungen. Nehmt die Übung erst dann wieder auf, wenn ihr euch sicher und entspannt fühlt.

Setzt notfalls ein paar Tage damit aus. Treten die Ängste bei bestimmten Körperteilen auf, dann entspannt euch und lasst diesen Körperteil vor eurem geistigen Auge durchsichtig werden. Fragt euch dann: »Wo ist die Angst? Wer hat Angst?« Denkt über diese Fragen nach.

Die Übung

1. Ausdehnen

Nehmt euch mindestens fünf Minuten, um anzukommen. Nehmt eine bequeme Sitzposition ein, bei der die Wirbelsäule gerade ist. Spürt den Raum um euch herum und werdet euch der Empfindungen des Körpers bewusst, wie er auf dem Boden ruht. Nehmt das Ein- und Ausströmen des Atems wahr, macht entspannende Atemübungen und beginnt mit der Übung.

Werdet euch zu Beginn der goldenen Lichtkugel im Zentrum eures Körpers bewusst, der Verkörperung von Weisheit und Mitgefühl. So vermeidet ihr Ängste. Ihr seid die Lichtkugel, ihr könnt also gar nichts verlieren, was auch immer mit eurem Körper geschieht. Richtet die Aufmerksamkeit auf jedes dritte oder vierte Ausatmen. Lasst beim Ausatmen die gesamte Hautoberfläche sich ausdehnen, wobei der Körper seine Gestalt zwar behält, aber immer größer wird. Spürt ihr irgendwo Schmerzen oder Unbehagen, konzentriert euch auf diesen Bereich oder diesen Punkt und beginnt dort mit der Ausdehnung. Stellt euch vor, dass der Schmerz beim Ausatmen hinausfließt und die Haut dabei immer dünner wird. Dehnt euch aus, bis ihr so groß seid wie ein Haus. Denkt immer an eure Qualitäten von Mitgefühl und reinem Gewahrsein. Habt ihr die Größe eines Hauses erreicht, dann lasst zu, dass sich die Gestalt des Körpers auflöst und er sich ohne klare Form weiter ausdehnt.

Dehnt euch dann weiter aus und nehmt dabei wahr, wie sowohl die Haut als auch euer Inneres immer mehr an Dichte verlieren. Schließlich seid ihr so groß wie ein Berg. An diesem Punkt gibt es kaum noch einen Körper – nur noch zarte, verschwommene Schemen. Dehnt euch weiter aus, in den Himmel hinein, bis es überhaupt keinen Körper mehr gibt, da er sich gänzlich im Raum aufgelöst hat.

Treten zu irgendeinem Zeitpunkt Ängste auf, so denkt an eure Qualitäten von Weisheit und Mitgefühl und daran, dass ihr keinen Schaden nehmen könnt. Gebt euch zum Schluss vollständig dem reinen Fluss des Seins hin, ohne einen Körper, und lasst auch alle Vorstellungen von einem Selbst los.

Diese Übungsphase umfasst die erste Hälfte der Sitzung.

*2. Zusammenziehen**

Hier geht es um den entgegengesetzten Prozess. Denkt weiter daran, ihr seid das goldene Licht, die Essenz von Weisheit und Mitgefühl; konzentriert euch nun auf das Einatmen. Stellt euch bei jedem dritten oder vierten Einatmen vor, dass euer Körper immer kleiner wird und sich schließlich in die goldene Lichtform in eurem Zentrum auflöst. Kümmert euch nicht um die Form des Körpers; fahrt einfach mit der Übung fort, bis euer Körper sich vollständig in die goldene Lichtkugel hinein auflöst, bis kein »Ich« mehr übrig ist, nur noch der Ausdruck eurer reinen Eigenschaften. Bleibt weiter auf das Einatmen konzentriert, während die Lichtkugel nun nach und nach die Größe

* Der deutsche Ausdruck »Zusammenziehen« könnte ein Gefühl von Anspannung oder Verkrampfung vermitteln. Das ist nicht beabsichtigt. Wem dies Probleme bereitet, der kann stattdessen einfach »kleiner werden« sagen. (U.K.)

eines Getreidekorns annimmt. Das Getreidekorn wird farblos und durchsichtig und verschwindet schließlich völlig.

Diese Übungsphase bildet die zweite Hälfte der Sitzung. Am Ende der Übung erlaubt ihr eurem Geist, sich frei zu bewegen, wo immer er hingehen möchte. Wenn ihr bemerkt, dass ihr euch in Gedanken verfangt, kommt zu eurem Körper und seinen Empfindungen zurück und übt euch darin, aufmerksam die Bewegungen des Atems im Körper wahrzunehmen. Macht diese Übung drei Wochen lang täglich eine Stunde.

FRAGE: Soll man bei der Ausdehnung nach außen und oben weiterhin den Kontakt mit dem Sitz oder dem Boden spüren?

RINPOCHE: Es ist überhaupt nicht nötig, am Sitz oder am Boden zu haften. Sinn der Übung ist ja, jede Angst davor zu verlieren, mit allen anderen eins zu werden. Fühlt ihr euch allerdings unbehaglich dabei, vollständig loszulassen, könnt ihr ein gewisses Gefühl für den Kontakt mit dem Boden beibehalten; manchmal ist es jedoch erforderlich, sich als leicht vom Boden erhoben zu empfinden.

FRAGE: Was soll ich tun, wenn ich mit der Vorstellung des Ausdehnens größere Schwierigkeiten habe als mit der des Zusammenziehens, in dem Sinne, dass mir die Vorstellung schwerfällt, es geschähe wirklich?

RINPOCHE: Ja, das kann ein Problem sein. In diesem Fall sollte man nicht versuchen, irgend etwas zu erzwingen, sondern ein paar Entspannungsübungen machen und es dann erneut versuchen.

FRAGE: Wird, wenn der Körper immer größer wird, auch die Lichtkugel im Herzen immer größer, oder behält sie ihre Größe?

RINPOCHE: Es ist nicht so, dass die Lichtsphäre ein fester Gegenstand wäre, der wie eine Messingkugel in der Mitte des Körpers sitzt. Die Idee ist vielmehr, dass die Lichtkugel durchsichtiger und weniger materiell wird, in dem Maß, in dem du selbst durchsichtiger und weniger materiell wirst; auf die Größe kommt es deshalb gar nicht so an.

FRAGE: »Ausdehnen und Zusammenziehen« macht, dass ich mich manchmal ein bisschen wackelig fühle? Was soll ich damit tun?

RINPOCHE: Diese Übung muss uns nicht unsicher machen. In der Lage zu sein, sich gut gegründet zu fühlen, starre und unbewegliche Aspekte unserer Erfahrung aber loszulassen, sind nicht in sich ein Widerspruch. Wir können Stabilität darin finden, im Einklang mit der vergänglichen Natur aller Dinge zu sein und uns dabei weniger an fixe Ideen anzuklammern.

11. Feinde

Diese Meditation ist ein weiterer Schritt in dem Lernprozess, mit Alltagssituationen umgehen zu lernen. Wir versuchen herauszufinden, warum wir so viele unnötige oder sogar schädliche Dinge denken, sagen und tun. Bei der letzten Übung haben wir erkannt, dass Größe nicht von Bedeutung ist, weil alle Wesen Herzensgüte und Verständnis besitzen. Es ist möglich, den Körper größer oder kleiner werden zu lassen und auch seine Gestalt zu verändern. So begreifen wir langsam, wie wir uns aus seinen Begrenzungen lösen können.

Bei der Freunde-Übung machten wir uns zum Ziel, unser Verständnis für andere zu vertiefen, indem wir uns mit jemand, den wir mögen oder lieben austauschen. Bei dieser Meditation geht es um die Auseinandersetzung mit Abneigung. Vielleicht kennt ihr niemanden, den ihr überhaupt nicht leiden könnt; trotzdem könnt ihr diese Übung machen, denn es gibt verschiedene Kategorien von Feindschaften und Unterschiede im Grad der Feindschaft:

a) Die Feindschaft beruht auf unserer eigenen Abneigung: Sie reicht in ihrer Intensität von geringfügiger Abneigung, bei der wir jemanden des öfteren als störend oder uns verärgernd empfinden, bis hin zu extremen Gefühlen von Wut und Hass, die sogar zu dem Wunsch führen können, jemanden zu töten.
b) Die Feindschaft beruht darauf, dass uns eine andere Person ablehnt und in all unseren Handlungen etwas Negatives sieht.
c) Die Feindschaft beruht auf Anhaftung: Hier geht es um Situationen, in denen eine starke Abhängigkeit von einer ande-

ren Person besteht. In diesem Fall wandern die Gedanken ständig zu dieser Person, man ist ausschließlich mit ihr beschäftigt. Diese Form der Anhaftung erscheint uns vielleicht als »Liebe« und wird auch so genannt; in Wirklichkeit versklavt sie aber den Geist und führt zu Leiden.

Die Übung

Nehmt euch mindestens fünf Minuten, um anzukommen. Nehmt eine bequeme Sitzposition ein, bei der die Wirbelsäule gerade ist. Spürt den Raum um euch herum und werdet euch der Empfindungen des Körpers bewusst, wie er auf dem Boden ruht. Nehmt das Ein- und Ausströmen des Atems wahr, macht entspannende Atemübungen und beginnt mit der Übung.

In dieser speziellen Meditationsübung konzentrieren wir uns auf die Gestalt und die Gefühle des Feindes, nicht auf seine Handlungen oder das, was er sagt. Sucht euch zu Beginn eine bestimmte Person aus, die in eine der eben beschriebenen Kategorien von Feindschaften fällt; die Intensität der Feindschaft spielt dabei keine Rolle.

Stellt euch vor, dass diese Person vor euch sitzt. Nehmt beim Einatmen – nicht bei jedem Atemzug, sondern nur bei einigen – die feindliche Person in euch auf. Nehmt all ihre Gefühle, Empfindungen, Gedanken, Ängste, inneren Organe usw. in euch auf. Lasst beim Ausatmen – wieder nur bei einigen Atemzügen – eure gesamten Gefühle aus euch heraus- und in diese feindliche Person hineinfließen. Führt diesen Prozess so lange fort, bis eure Eigenschaften und Merkmale und die eures Feindes vollkommen ausgetauscht sind und nur die äußere Gestalt unverändert weiter besteht.

Ist der Austausch abgeschlossen, beginnt darüber nachzudenken: »Wo ist der Ärger? Wo sind der Hass, die Angst oder die Anhaftung, die uns gefangen hält? Wo sind die Ursachen der Feindschaft?« Fragt euch: »Jetzt, da ich selbst der Feind bin und der Feind ich ist, wo ist die Quelle des Gefühls?«

Kehrt nach dem Austauschen und der Reflektion wieder zu eurer eigenen Gestalt und euren eigenen Gefühlen zurück, behaltet aber das Verständnis für die andere Person bei. Schließt eine Entspannungsübung an – und lasst die Gedanken und Gefühle einfach frei fließen. Entspannt den Geist und beobachtet alles, was kommt und geht. Diese Übung führt zum Kern unserer Probleme. Sie kann manchmal sehr schmerzvoll sein; doch seid voller Mut und fahrt fort.

Macht diese Übung einmal täglich für eine Stunde und zwanzig Minuten, wobei die letzten zehn Minuten der Entspannung dienen. Am besten konzentriert ihr euch auf einige wenige Personen und wechselt nicht zu oft. Macht diese Meditation vier Wochen lang.

FRAGE: Wenn ich Stress mit der Übung habe oder sie schier unerträglichen Hass oder Selbsthass hochkommen lässt, wäre es dann nützlich, zur Spiegelübung zurückzukehren?

RINPOCHE: Nein, das scheint mir nicht ratsam. In einem solchen Fall könnte man die Übung »Universelles Mitgefühl« vom Ende des Buches ein paar Tage oder Wochen lang machen. Bei ihr erinnert man sich daran, für alle Wesen Mitgefühl zu haben – und man schließt sich selbst dabei mit ein.

FRAGE: Mir ist zwar klar, dass ich mit Hilfe dieser Übung meinen eigenen Geist verändern soll und nicht den Geist von jemand anderem, doch kommt mir – weil ich so hart an mir selber arbeite – immer wieder der Gedanke, bei den anderen sollte es auch einige Verbesserungen geben. Sehe ich das falsch?

RINPOCHE: Grundsätzlich geht es nicht darum, Veränderungen bei anderen herbeizuführen. Vielleicht ändern sich die anderen auch; Sinn und Zweck der Übung ist jedoch die eigene positive Veränderung.

FRAGE: Sie weisen darauf hin, dass man den Zustand der Verliebtheit als eine Art Feindschaft ansehen kann. Sollten wir also weglaufen, wenn wir uns stark zu einer anderen Person hingezogen fühlen, oder können wir aus der Anziehung den Kern der Liebe herausfiltern, so dass sie fruchtbar wird?

RINPOCHE: Ist eure Liebe ohne Anhaftung oder könnt ihr alle anfänglichen Anhaftungen überwinden, ist diese Liebe sehr, sehr fruchtbar. Klammert ihr euch aber an das Objekt eurer Liebe oder an die Vorstellung von Liebe selbst, ist diese Liebe nicht rein und leicht zu zerstören. Dieses Anklammern zieht nämlich weitere negative Gefühle nach sich, Erwartungen, Besitzansprüche und Eifersucht zum Beispiel, und so geht überall dort, wo wir anhaften, die Reinheit der Liebe verloren.

FRAGE: Bei dieser Übung hatte ich das Gefühl, von jemandem vereinnahmt zu werden, von dem ich vermute, dass er mir wirklich schaden will. Das war so beängstigend, dass ich mich erst nach mehreren Tagen wieder sicher in mir fühlte. Soll ich trotzdem mit dieser Übung weitermachen?

RINPOCHE: Machst du diese Übung mit vollkommen reinem und liebevollem Herzen, kann die Vorstellung, dass eine andere Person dich vereinnahmt, etwas sehr Willkommenes sein und nichts Negatives. Stehst du aber am Anfang und kannst das noch nicht so sehen, ist es hilfreich, wenn du dich bemühst, die Essenz von Liebe und Mitgefühl in dir besser zu verstehen. Kommt also diese Angst wieder auf, so versuche, ein Bewusstsein der wahren, grundlegenden Natur der liebenden Güte und des Verständnisses in dir zu entwickeln, und mache dann die Übung noch einmal.

FRAGE: Manchmal macht mir diese Übung Angst – ich bin dann ganz durcheinander und werde von starken, bitteren Gefühlen überwältigt. Soll ich weitermachen und versuchen, diese Erfahrungen zu durchleben, oder soll ich besser aufhören und eine Entspannungsübung machen?

RINPOCHE: Beides hat seinen Wert. Anfangs hilft etwas Entspannung, später müssen wir der Situation – so schwierig sie auch sein mag – ins Gesicht schauen und sie überwinden. Letztlich müssen wir durch diese Erfahrung hindurch und darüber hinausgehen.

FRAGE: Bis jetzt hatte ich keine größeren Schwierigkeiten mit den Übungen. Hier aber entsteht ein Gefühl, kapitulieren zu müssen. Wie kann ich damit am besten umgehen?

RINPOCHE: Das bedeutet, dass die Übung funktioniert! Hier geht es darum, uns mit der Idee vertraut zu machen, uns schwierigen Situationen zu stellen, und die Neigung aufzugeben, Hindernisse vermeiden zu wollen. Das ist der Nutzen der Übung. Du musst also durch dieses Gefühl, aufhören zu wollen, hindurchgehen.

12. – 14. Leiden auf uns nehmen

Allgemeiner Kommentar

Die nächsten drei Übungen – »Die Leiden der Eltern und Verwandten auf uns nehmen«, »Die Leiden der Freunde, der Menschen unserer Heimat und der Tiere auf uns nehmen« und »Die Leiden unserer Feinde auf uns nehmen« – vertiefen schrittweise unseren Wunsch, anderen zu nutzen . Sie stärken unsere Bereitschaft, uns mit unseren eigenen negativen Gefühlen auseinanderzusetzen und sie zu reinigen und so unser Mitgefühl für alle Wesen frei zu setzen. Ist dieses Mitgefühl erwacht, müssen wir es umsetzen, indem wir das Leiden anderer auf uns nehmen. In unserer gewöhnlichen menschlichen Form können wir das nicht, wir brauchen dazu den vollkommen reinen Regenbogenkörper unserer wahren Natur mit ihrem ganzen Potenzial, mit all den Eigenschaften der vollkommenen Erwachtheit und des umfassenden Mitgefühls. Für die folgenden Meditationen ist das in den vorangegangenen Übungen entwickelte Vertrauen, dass man dieses erwachte Potenzial besitzt, unabdingbar. Wir können uns auch bei dieser Übung eine goldene Lichtkugel vorstellen; mit der tiefen, innere Überzeugung und Zuversicht, dass diese Form wirklich vollkommene Erwachtheit und universelles Mitgefühl beinhaltet. Wenn du dich als Buddha oder spirituellen Meister visualisiert hast, ist das auch gut. Wie auch immer ihr vorgeht, ihr müsst vollkommenes Vertrauen in eure reine Natur haben. Spürt ihr dieses völlige Vertrauen zur Zeit noch nicht, lasst ihr besser die folgenden Übungen aus und macht mit »Die Regenbogenkugel« weiter.

12. Die Leiden der Eltern und Verwandten auf uns nehmen

Wir haben jetzt gelernt, uns mit anderen auszutauschen und uns selbst und andere in der Regenbogenform zu sehen. Wir haben erfahren, dass der Geist reine Weisheit und Mitgefühl ist. Alle Gefühle, Ängste und Erfahrungen von Körper, Rede und Geist sind zu erwachtem Verständnis und Herzensgüte geworden. Haben wir das verwirklicht, ist es ganz natürlich, dass wir allen helfen wollen. Wir tun das, indem wir lernen, ihre Leiden auf uns zu nehmen. Anfangs nehmen wir das Leiden derer auf uns, die uns am nächsten stehen.

Die Übung

Nehmt euch mindestens fünf Minuten zur Einstimmung. Setzt euch bequem hin und haltet den Rücken aufrecht. Spürt den Raum um euch und achtet auf die Körperempfindungen, während er auf dem Boden ruht. Spürt, wie der Atem in den Körper eintritt und ihn wieder verlässt – macht, wenn nötig, eine Atemübung zur Entspannung und fangt dann mit der Übung an.

Erinnert euch daran: »Meine wahre Natu ist vollkommenes Gewahrsein und universelles Mitgefühl. Das weiße* Licht des Mitgefühls ist in meinem Herzen. Stellt euch vor euch eure Mutter, euren Vater (auch wenn sie schon tot sind) und andere nahe Verwandte vor. Denkt nacheinander an all diese Menschen

* In dieser Übung wird das bisher goldene Licht von Weisheit und Mitgefühl als weißes Licht visualisiert. (U.K.)

und öffnet euren Geist für ihre Leiden. Es könnte sein, dass eure Mutter unter starker Anhaftung leidet (oder sie hat darunter gelitten); euer Vater ist möglicherweise von starkem Ehrgeiz getrieben und eure Schwester oder euer Bruder ist vielleicht körperbehindert. Lasst alle Arten von Leiden, die eure Verwandten belasten, vor eurem geistigen Auge erscheinen. Entscheidet euch dann für eine Person, die heute im Mittelpunkt eurer Übung stehen soll. Atmet ein und nehmt dabei all ihre Leiden in euch auf, seien sie nun körperlicher, geistiger, emotionaler oder sonstiger Art. Das Leiden verlässt sie in Form einer sehr schweren, dickflüssigen, schwarzen, teerartigen Flüssigkeit, die ungesund aussieht. Diese Flüssigkeit strömt beim Einatmen – nicht bei jedem Atemzug, sondern bei jedem dritten oder vierten vielleicht – in euer Herz aus Weisheit und Mitgefühl, wo das weiße Licht des Mitgefühls sie wie Brennstoff verbrennt, was immer mehr Mitgefühl erzeugt und das Bewusstsein eurer wahren Natur stärkt.

Atmet gleichzeitig alle paar Atemzüge alles Gute, alles Heilsame und alles Glück aus eurem Herzen zu dieser Person hin. Die reinen Eigenschaften erscheinen als kristallklares, weißes Licht, das eure Angehörigen vom Leiden und den Ursachen des Leidens befreit. Der Prozess verläuft also in beide Richtungen: Ihr nehmt Leiden in Form schwarzer Flüssigkeit auf und ersetzt es durch reines, weißes Licht.

Stellt euch die Person ab und zu wieder vor, frischt die Erinnerung an ihr spezielles Leiden auf und wiederholt das Ganze, so oft es nötig ist.

Im Verlauf dieser Übung wird die schwarze Flüssigkeit nach und nach dünner und heller, in dem Maße, wie das Leiden langsam aufgelöst wird. Nach etwa einer halben Stunde atmet ihr schließlich dasselbe weiße Licht der Reinheit ein, das ihr ausatmet. Ihr braucht nicht bei jedem Atemzug an diesen Vorgang zu denken, es genügt bei jedem dritten oder vierten. Euer Angehöriger ist nun von seinem Leiden frei und zu vollkommener Weisheit und Mitgefühl geworden, genau wie ihr.

Habt keine Angst, dass ihr krank werdet oder euch das Leid überwältigt; während dieser Übung seid ihr nicht euer gewöhnliches Selbst – ihr visualisiert euch selbst in einer Lichtform und könnt deshalb keinen Schaden erleiden.

Macht diese Meditation einmal täglich eine Stunde und fünfzehn Minuten lang für etwa zwei Wochen – oder länger, wenn ihr euch auf viele Personen konzentrieren möchtet – und konzentriert euch einige Tage lang auf jedes Mitglied eurer Familie.

13. Die Leiden der Freunde, der Heimat und der Tiere auf uns nehmen

Die Arbeit mit Gefühlen, die in den vorangegangenen Übungen beschrieben ist, hilft uns, von übermäßig negativen und positiven Emotionen frei zu werden. Zuerst müssen wir die negativen Gefühle überwinden und das Entstehen positiver Emotionen zulassen. Das geschieht allmählich, Schritt für Schritt.

Wenn wir Fähigkeiten und Kenntnisse entwickeln, sollten wir sie auch anwenden. Haben wir erkannt, dass wir erwachte Weisheit und Mitgefühl in uns tragen, müssen wir anfangen, allen Wesen zu helfen. Als erwachte Wesen können wir alles Leiden auf uns nehmen.

In unserer reinen Form können wir nicht krank werden. Wir nehmen die negativen Anteile anderer auf uns, damit sich nicht nur unsere, sondern auch ihre Energie in Mitgefühl und liebende Güte wandeln kann. Dieser Prozess der Energieumwandlung geht weiter, bis wir die Ebene von grenzenlosem Mitgefühl erreicht haben.

Die Übung

Im Mittelpunkt dieser Meditation stehen unsere Freunde, unsere Heimat und die Tiere. Leiden ist nicht nur das, was wir deutlich und als solches wahrnehmen. Alle Wesen erfahren Leiden – körperlich, geistig und gefühlsmäßig und zwar in unterschiedlicher Form. Wir müssen lernen, alle Formen des Leidens von allen Wesen auf uns zu nehmen. Nehmen wir beispielweise das Leiden auf uns, das zu Anhaftung führt, nämlich Verlangen, beseitigen wir das, was den Wesen ihre Freiheit nimmt.

Wählt für eure Meditation einen Schwerpunkt: Eine Gruppe, mit der ihr verbunden seid, oder eure Heimat, einen einzelnen Freund, eine Freundin, ein Tier oder eine Gruppe von Tieren. Visualisiert dann diese Person oder diese Personen, dieses Tier oder diese Tiere vor euch.

Nehmt beim Einatmen alle Formen des Leidens in euch auf (verfahrt dabei wie in der vorhergehenden Übung). Das weiße Licht des Mitgefühls, das ihr beim Ausatmen aussendet, befreit die Wesen nicht nur von ihrem unmittelbaren Leiden, sondern bringt ihnen all das, wonach sie am meisten verlangen.

Atmet möglichst viel von dem aus, was das schmerzhafte Verlangen stillt, so dass alle Wünsche schließlich erfüllt sind. Spürt, wie die Wesen, die ihr ausgesucht habt, von all ihren Anhaftungen frei werden, da sie von allem ausreichend bekommen haben, was sie wollten. Das positive, weiße Licht manifestiert sich unmittelbar als all das, was die Wesen in körperlicher, geistiger oder gefühlsmäßiger Hinsicht brauchen. Kennt ihr die jeweiligen Bedürfnisse oder Anhaftungen einer Person, atmet diese gewünschten Dinge in wunderschöner Form aus. Möchte jemand zum Beispiel unbedingt ein Haus haben, stellt euch das allerschönste Haus vor – vielleicht aus kostbaren Steinen und Juwelen – und atmet das aus.

Habt ihr zum Schluss die Wünsche all diese Wesen vollkommen befriedigt und sie damit von ihren Anhaftungen befreit, seht ihr sie alle als rein.

Denkt tagsüber stets daran, dass eure wahre Natur ganz und gar reine Weisheit und Mitgefühl ist. Lasst euch in all euren Handlungen von Körper, Rede und Geist von dieser Erkenntnis leiten. Behaltet auch den ganzen Tag über das Streben bei, anderen helfen zu wollen. Seht bei jeder Gelegenheit, wie das weiße

Licht ausstrahlt, den Wesen hilft und ihnen alles gibt, was sie sich wünschen. Und nehmt gleichzeitig ihr Leiden auf euch. Als reines Wesen und in Lichtform könnt ihr das gefahrlos und wirkungsvoll tun. So entwickelt ihr die innere Haltung, euch fortwährend mit anderen auszutauschen.

Natürlich fühlt ihr euch manchmal der Aufgabe nicht gewachsen, alles Leiden auf euch zu nehmen und die reine Liebe und das Mitgefühl des Buddha zu geben. In solchen Augenblicken ist es wichtig, sich daran zu erinnern, dass die Reinheit unseres Ziels langfristig unsere wirksamste Methode zur Weiterentwicklung ist. Vielleicht scheinen sich unser Ideal des grenzenlosen Mitgefühls und unser tatsächliches Denken, Reden und Tun zu widersprechen. In Wirklichkeit gibt es jedoch keinen Widerspruch, denn die Essenz von Herzensgüte und Verständnis bleibt immer makellos rein in uns, was immer wir auch erleben.

Macht diese Meditation einmal täglich eine Stunde und fünfzehn Minuten lang und befasst euch jeweils zwei bis drei Tage mit derselben Gruppe von Menschen oder Wesen. Macht das zwei Wochen lang.

14. Die Leiden unserer Feinde auf uns nehmen

In dieser Meditation befassen wir uns mit drei Arten der Feindschaft:

a) mit Feindschaft auf nationaler Ebene: Hierbei geht es um negative Kräfte oder um Leiden auf einer eher allgemeinen Ebene; als Feinde werden hier sowohl Angehörige von Staaten bezeichnet, die sich im Konflikt oder Krieg mit unserem Staat befinden, als auch überpersönliche Gewalten wie Krankheiten und Dürrezeiten. Diese Ebene reicht emotional nicht sehr tief.

b) mit persönlicher Feindschaft: Hier geht es um Menschen, die wir aus persönlichen Gründen nicht mögen, die uns aber nicht besonders nahestehen. Unsere Gefühle sind etwas stärker als in a), doch sind auch sie noch nicht sehr schmerzhaft.

c) mit Feindschaft, die aus engen Beziehungen erwachsen ist: Gemeint sind Freunde oder Verwandte, die wir hassen oder die großen Hass uns gegenüber empfinden. Falls ihr keine Feindschaft dieser Art kennt, denkt an ein Tier, dem ihr auf keinen Fall nahekommen wollt.

In allen drei Fällen erleben wir negative Emotionen wie Gier, Neid und Hass. Wie bei vorherigen Übungen verlässt uns diese Negativität als eine schwere, teer-schwarze Flüssigkeit.

Die Übung

1. Reinigung

Bevor wir versuchen, das intensive Leiden unserer Feinde auf uns zu nehmen, müssen wir uns zuerst mit unseren eigenen

Geistesgiften befassen. Visualisiert vor euch eine Kugel aus goldenem Licht. Konzentriert euch auf die negativen Gefühle, die ihr gegenüber einer bestimmten, mit euch verfeindeten Person empfindet. Erlaubt euren Gefühlen, die Form der oben erwähnten dicken, teerschwarzen Flüssigkeit anzunehmen. Seid euch eurer Unreinheiten bewusst, öffnet euch für die Reinheit der goldenen Lichtkugel und lasst beim Einatmen Strahlen von goldenem Licht in euren Körper hineinfließen. Beim Ausatmen verlassen alle negativen Emotionen als eine schwere, teerschwarze Flüssigkeit euren Körper. Wenn diese euren Körper verlassen hat, löst sie sich etwa einen Meter vor euch im Boden auf, ohne eine Spur zu hinterlassen. Spürt, wie das goldene Licht der Lichtkugel euch nach und nach erfüllt; die teerartige Flüssigkeit wird immer weniger dicht, und die entsprechenden Gefühle verlieren ihre Kraft. Ihr seid jetzt davon überzeugt, der reinen Lichtform von Weisheit und Mitgefühl gleich zu sein, und so seid ihr bereit, das geistige Leid eurer Feinde auf euch zu nehmen.

2. Eine Wolke von Leid auf uns nehmen

Stellt euch all die negativen Kräfte jener Menschen vor, die eurem Land gegenüber feindlich gesinnt sind und ebenso die negativen Kräfte und Gefühle von Bekannten, Freunden und Verwandten. Ihr nehmt sie alle auf einmal in Gestalt einer schwarze teer-gleichen Flüssigkeit in euch auf. Da euer Körper, eure Rede und euer Geist reines Mitgefühl und Verständnis sind, wird die ganze Negativität in euch verbrannt und in das reine, weiße Licht des Mitgefühls verwandelt. Während dieser Meditation wächst euer Wunsch, zum Wohl aller Wesen zu handeln und ihnen zu helfen. Konfrontieren euch eure Freunde und andere Menschen mit ihren Geistesgiften, versucht ihr, ihnen nicht mehr auszuweichen. Ihr nehmt sie vielmehr in euch auf und gebt ihnen Mitgefühl und Güte zurück.

3. Das Leid eines bestimmten Feindes auf uns nehmen
Denkt an eine Person, die ihr schwierig findet und der gegenüber ihr viel negative Energie in Form von Hass, Neid oder dergleichen empfindet. Konzentriert euch auf diese Person (ihr könnt auch ein Tier nehmen), und erkennt ihr stärkstes Leid. Habt ihr das Leid benannt – zum Beispiel als Wut –, so lasst ihr dieses als teer-gleiche Flüssigkeit erscheinen. Das Feuer des Mitgefühls in euch verbrennt sie, verwandelt sie und gibt sie als das reine, weiße Licht der Herzensgüte zurück. Im Allgemeinen sollte das Licht weiß sein, doch ihr könnt die Güte auch in anderen Farben aussenden. Wie in den vorangegangen Übungen wird das Leiden immer geringer und verliert an Substanz. Schließlich ist die Farbe, die ihr einatmet, von derselben Reinheit wie die, die ihr ausatmet. Schließlich seid ihr beide Lichtformen der Weisheit und des Mitgefühls und daher versteht und achtet ihr euch.

Lasst euren Geist dann in offener Weite ruhen, so lange euch das natürlich erscheint.

Macht diese Meditation täglich anderthalb Stunden und zwar vier Wochen lang.

FRAGE: Ist es in Ordnung, die Übungszeit zu verlängern, wenn sich das sinnvoll anfühlt?

RINPOCHE: Ja, das ist okay. Aber die zeitlichen Proportionen der Übungsphasen sollten erhalten bleiben.

FRAGE: Was bedeutet der Ausdruck »Herz der Weisheit und des Mitgefühls«?

RINPOCHE: Es bedeutet, dass im Herzen deines Seins Weisheit und Mitgefühl sind – sowohl als Potenzial als auch als Tatsache. Auf der Ebene der Übung »erschaffst« du sie, aber in ihrer Essenz sind sie wahrhaftig da. Und du kannst volles Vertrauen in sie haben.

FRAGE: Ich bin mit solcher Art Übungen noch nicht vertraut und finde die Idee, das Leiden von anderen auf mich zu nehmen, ein wenig zum Fürchten. Werde ich davon nicht krank?

RINPOCHE: Du musst dich an die grundlegende Reinheit deiner eigenen Natur erinnern. Das Leiden anderer auf dich zu nehmen macht dich nicht krank. Das Leid oder die negativen Emotionen, die du einatmest, treffen auf das weiße Licht im Zentrum deines Körpers und werden dabei verbrannt und gereinigt. Das ist wie in einem Verbrennungsofen, es läuft dabei ein Reinigungsprozess ab. Wenn wir uns später an die positiven Resultate dieser Übung, ihren positiven Ausgang erinnern, hilft uns das, uns weiter zu motivieren. Zudem arbeiten wir mit dem Geist – es ist nützlich, sich daran zu erinnern, die Dinge nicht für zu solide zu halten. Auch sollten wir unserer Vorstellungskraft nicht erlauben, mit uns durchzugehen. Es handelt sich um kontrollierte Visualisierungen und wir folgen ihnen ganz genau. Das wird nicht schaden.

FRAGE: Während der gesamten Übung wird dauernd die Entwicklung von Mitgefühl erwähnt. Brauchen wir nicht eher Weisheit, um dies zu tun? Können wir uns nur auf Mitgefühl verlassen und erwarten, dass Weisheit automatisch auftaucht?

RINPOCHE: Du brauchst sowohl Weisheit als auch Mitgefühl. Wenn du wirklich reines Mitgefühl entwickeln möchtest, muss es auch Weisheit geben. Viel wird davon abhängen, wie du »Mitgefühl« einordnest. Wenn du jemand weinen siehst und dann mitweinst, wird das nichts lösen. Da ist nicht viel Weisheit vorhanden. Weißt du aber, wie man dieses Leiden überwinden kann und hast du auch die entsprechenden Mittel, dann wird das Resultat positiv sein.

Wenn es um die Anwendung von Mitgefühl geht, müssen wir unseren gesunden Menschenverstand benutzen und das Beste tun, was jetzt eben geht, um anderen zu helfen. Ein Weg zur Weisheit ist es, die Dinge weniger solide zu sehen, nicht so ein großes Ding daraus zu machen.

15. Die Regenbogenkugel

Die folgenden Übungen mit farbigem Licht sollen uns dabei helfen, mit den negativen Gefühlen umzugehen, die in unserem Alltagsleben entstehen. Viele Menschen haben Probleme, weil sie von negativen Emotionen beherrscht werden. Können wir diese Gefühle erkennen und begreifen, haben wir die Mittel in der Hand, sie zu verstehen und zu überwinden.

»Verstehen« ist das Schlüsselwort bei diesen Übungen. Werden wir beispielsweise von Neid beherrscht, müssen wir verstehen, dass er sowohl uns als auch anderen schadet, dass er unsere Freiheit einschränkt und niemandem hilft. Diese Einsicht stärkt unseren Wunsch, ihn aufzugeben. Wissen wir, dass wir etwas falsch machen, und erkennen wir, dass dies eine negative Wirkung auf andere hat, sind wir motiviert, die Ursachen der negativen Gefühle von Grund auf zu beseitigen.

Einige meinen vielleicht: »Ich brauche diese Übungen nicht, ich habe solche Schwächen nicht.« Doch das ist Selbsttäuschung, weil wir nicht eingehend und genau genug betrachten, wer wir sind. Wir alle haben Stolz, Ärger, Gier und Neid in uns. Der erste Schritt besteht darin, die negativen Emotionen zu erkennen und sich dann mit ihnen auseinanderzusetzen.

In diesen Übungen visualisieren wir farbiges Licht. Das farbige Licht in allen Übungen ist durchsichtig und durchlässig, und es hat die Fähigkeit zu heilen. Jede Farbe trägt die ganze Kraft aller anderen Farben in sich und kann körperliche Schmerzen, Krankheiten und negative Gefühle lindern. Sind beispielsweise unsere Augen entzündet oder haben wir Kopfschmerzen, können wir uns vorstellen, wie die Farbe in den Schmerz eindringt und ihn auflöst.

Es ist wichtig, dem farbigen Licht zu vertrauen und zu verstehen, dass es eine Arznei ist und Heilkräfte besitzt. Wächst dieses Verständnis, nehmen Vertrauen und Zuversicht zu. Im Laufe der Zeit fällt es uns immer leichter, uns auf die Farben zu konzentrieren und uns dabei zu entspannen. Wir können die Farben als Manifestation des Heilungspotentials unseres eigenen Geistes ansehen. Ein Beispiel dafür sind die Visualisierungen, die bei Krebspatienten eingesetzt werden.

Es gibt kein Wundermittel; Krankheit gehört zum Leben, sie ist von vielen verschiedenen Faktoren bedingt. Auch Farbmeditationen können nicht alle Krankheiten heilen, sie helfen uns aber, besser mit ihnen umzugehen. Haben wir Vertrauen und einen sehr starken Geist, bringen Visualisierungen irgendwann großen Segen und vielleicht Heilung; besitzen wir jedoch kein Vertrauen oder ist der Geist schwach, erreichen wir sehr viel weniger. In jedem Fall aber schaden die Übungen nicht.

Im Allgemeinen stellt man sich vor, dass das Licht beim Einatmen in den Körper einströmt und alle negativen Emotionen und Schmerzen beim Ausatmen losgelassen werden. Das Licht wirkt immer durch Körper, Rede und Geist, denn all unsere Schwierigkeiten haben damit zu tun, und es sollte dorthin gelangen, wo es gebraucht wird. Wir können es aber auch zuerst zum Geist schicken, denn er ist die Quelle all unseres Handelns und Sprechens.

Bei der Übung sollten wir uns auch daran erinnern, dass negative Gefühle nicht klar voneinander zu trennen sind. So gibt es eifersüchtigen Stolz, verwirrten Stolz, wütenden Stolz und so weiter. Ebenso besitzt jede Farbe die Kraft aller anderen Farben, auch wenn wir uns jeweils nur auf eine Farbe konzentrieren.

Wenn wir alle Übungen in diesem Buch durchgeführt haben, können wir zu diesen Übungen zurückkehren, und jeweils diejenige auswählen, die gut für uns ist. Wenn wir zum Beispiel nicht in der Lage sind, unseren Neid zu zügeln, können wir zur Heilung die Übung mit grünem Licht durchführen.

Die Übung

Nehmt euch mindestens fünf Minuten Zeit, um anzukommen. Setzt euch bequem hin und haltet den Rücken aufrecht. Spürt den Raum um euch und achtet auf eure Körperempfindungen beim Sitzen. Spürt, wie der Atem in den Körper eintritt und ihn wieder verlässt – macht, wenn nötig, Atemübungen zur Entspannung und fangt dann mit der Übung an.

Zunächst betrachten wir die Unreinheit, an der wir arbeiten wollen, beispielsweise Neid oder Stolz, und wir erkennen ihre schädlichen und störenden Folgen.

Dann stellen wir uns vor uns einen klaren blauen Taghimmel oder einen Nachthimmel voller Sterne vor; je nachdem, was uns angenehmer ist und was wir uns leichter vorstellen können.

Aus der Ferne taucht eine Kugel* aus farbigem Licht auf, in den sechs Farben weiß, grün, gelb, hellblau, rot und dunkelblau; die Farben leuchten wie Edelsteine. Sie bewegen sich ununterbrochen, wirbeln in der Kugel umher und sind strahlend und durchsichtig wie ein Regenbogen. Alle diese Farben verwandeln sich dann in eine vorherrschende Farbe. Spürt das Vertrauen, dass jede dieser Farben wirklich die Kraft hat, Schmerzen und negative Gefühle zu heilen.

Im Verlauf der Übung fließt das Licht beim Einatmen in den

---

* Im Engl. »sphere«. Im Deutschen könnten wir auch »Lichtball« sagen. Mit »Kugel« soll hier keine glatte, abgegrenzte Oberfläche suggeriert werden. (U.K.)

Körper hinein und hilft uns, mit negativen Gefühlen umzugehen. Diese verlassen den Körper dann mit der Ausatmung als dunkler Rauch von ungesunder Farbe und lösen sich auf, sobald sie etwa einen halben Meter von uns entfernt sind.

Es ist nichts Befremdliches an dieser Meditation – sie gleicht eigentlich der Pflege eines Gartens. Wir entfernen das Unkraut und kümmern uns um das, was wir wachsen sehen wollen.

Bei dieser Übung nutzen wir unser Vorstellungsvermögen und denken daran, dass jede dieser heilenden Farben die Essenz aller anderen Farben enthält. Wenn wir am Ende der Übung in der Lage sind, ihren Nutzen zu spüren, lassen wir das heilende Licht zu einzelnen Menschen gelangen, die es brauchen. Empfinden wir eine Person zum Beispiel als sehr stolz und wollen ihr helfen, dann können wir uns vorstellen, wie das Licht zu ihr kommt. Danach lassen wir das Licht zum Wohle aller ausstrahlen.

Diese Übung hilft uns beim Umgang mit unseren negativen Gefühlen; wenn wir sie praktizieren, helfen wir damit aber auch anderen. Sind wir beispielsweise neidisch oder wütend, schadet unsere Stimmung auch anderen, denn wir verhalten uns wütend oder neidisch. Verstehen und reinigen wir also unsere Gefühle, kommt das zwangsläufig auch anderen zugute. Treten irgendwelche Spannungen auf, könnt ihr eine der ersten drei Übungen – Entspannen, Fühlen und Offenheit und Mitgefühl – durchführen und dann wieder zu dieser zurückkehren.

Macht jede dieser Übungen eine Woche lang täglich eine Stunde.

1. Visualisierung des weißen Lichtes, das Stolz überwindet

Betrachtet den Stolz in eurem Geist, den Stolz, der sich als Arroganz, Überheblichkeit und Gefühl der Überlegenheit ausdrückt.

Untersucht, wie er sich in eurem täglichen Leben äußert und welche körperlichen und emotionalen Auswirkungen er hat.

Visualisiert die Regenbogenkugel vor euch am Himmel. Alle Farben wirbeln in der Kugel umher und verwandeln sich dann in ein diamantgleiches Licht, weiß, funkelnd und rein. Stellt euch beim Einatmen vor, wie dieses weiße Licht in euch einströmt, mit dem negativen Gefühl des Stolzes in Kontakt kommt und es verwandelt.

Das weiße Licht strömt in euch hinein, und ihr könnt den Stolz in seiner negativen Form erkennen, verstehen, akzeptieren und loslassen. Er verwandelt sich in dicken, schwarzen Rauch, der sich etwa einen halben Meter vom Körper entfernt vollständig auflöst. In diesem Prozess löst das Licht alle vom Stolz verursachten schädlichen Wirkungen von Körper, Rede und Geist auf und wäscht sie hinaus. Spürt einfach, wie der dunkle schwarze Rauch beim Ausatmen ausgestoßen wird. Habt ihr irgendwelche Schmerzen oder Krankheiten, so lasst das diamantgleiche Licht dorthin fließen und spürt, wie es euch hilft.

Wenn ihr am Ende spürt, dass der Stolz gänzlich aufgelöst ist, lasst ihr das Licht zuerst zu den Menschen strahlen, die ihr kennt, und dann zu allen anderen. Stellt euch dann vor, wie das weiße Licht in die Kugel zurückkehrt. Die Kugel wird wieder sechsfarbig und bewegt sich von euch weg in den Raum, bis sie völlig verschwindet. Lasst euren Geist in offener Weite ruhen, solange euch das natürlich erscheint.

2. Visualisierung des grünen Lichtes, das Neid überwindet

Betrachtet den Neid in eurem Geist. Seht, wie er sich in eurem täglichen Leben äußert und welche körperlichen und emotionalen Auswirkungen er hat.

Visualisiert die Regenbogenkugel vor euch am Himmel. All die wirbelnden Farben verschmelzen zu einem kräftigen, smaragdfarbenen Grün. Stellt euch beim Einatmen vor, wie dieses grüne Licht in euch hineinfließt und mit all dem Neid, den ihr in Körper, Rede und Geist erlebt, in Kontakt kommt und ihn verwandelt. Das grüne Licht strömt in euch hinein, und ihr könnt den Neid erkennen, verstehen, akzeptieren und loslassen. Er verwandelt sich in dunkelgrünen Rauch, der sich etwa einen halben Meter vom Körper entfernt vollständig auflöst. Habt ihr irgendwelche Schmerzen oder Krankheiten, lasst das grüne Licht dorthin fließen und spürt, wie es euch hilft.

Wenn ihr am Ende der Sitzung spürt, dass der Neid gänzlich aufgelöst ist, lasst ihr das Licht zuerst zu den Menschen strahlen, die ihr kennt, und dann zu allen anderen. Stellt euch vor, wie das grüne Licht zur Kugel zurückkehrt. Die Kugel wird wieder sechsfarbig und bewegt sich von euch weg in den Raum, bis sie völlig verschwindet. Lasst euren Geist in offener Weite ruhen, solange euch das natürlich erscheint.

3. Visualisierung des gelben Lichtes, das Verlangen und Enttäuschung überwindet

Betrachtet die Gefühle des Verlangens und der Enttäuschung in eurem Leben. Seht, wie sie sich in eurem Alltag äußern und welche körperlichen und emotionalen Auswirkungen sie haben. Nehmt alle Körperempfindungen wahr, die mit diesen Gefühlen verbunden sind.

Visualisiert die Regenbogenkugel vor euch am Himmel. All die wirbelnden Farben verschmelzen zu einem reichen, leuchtenden Goldgelb. Stellt euch beim Einatmen vor, wie dieses gelbe Licht in euch hineinfließt und mit all den unerfüllten

Gefühlen von Verlangen, Unzufriedenheit, Unbefriedigtsein und Enttäuschung, die ihr in eurem Körper, eurer Rede und eurem Geist erlebt, in Kontakt kommt und sie verwandelt. Das gelbe Licht strömt in euch hinein, und ihr könnt die negativen Gefühle erkennen, verstehen, akzeptieren und loslassen. Sie verwandeln sich in dunkelgelben Rauch, der sich etwa einen halben Meter vom Körper entfernt vollständig auflöst. Habt ihr irgendwelche Schmerzen oder Krankheiten, lasst das gelbe Licht dorthin fließen und spürt, wie es euch hilft.

Wenn ihr am Ende spürt, dass die Gefühle des Verlangens und der Enttäuschung aufgelöst sind, lasst ihr das Licht zuerst zu den Menschen strahlen, die ihr kennt, und dann zu allen anderen. Stellt euch dann vor, wie das gelbe Licht zur Kugel zurückkehrt. Die Kugel wird wieder sechsfarbig und bewegt sich von euch weg in den Raum, bis sie völlig verschwindet. Lasst euren Geist in offener Weite ruhen, solange euch das natürlich erscheint.

4. Visualisierung des hellblauen Lichtes, das Unwissenheit überwindet

Betrachtet euren Geist und stellt fest, wo es Selbstgefälligkeit, Dumpfheit und Dummheit gibt. Seht, wie sich diese Eigenschaften in eurem Alltag äußern und welche körperlichen und emotionalen Auswirkungen sie haben. Stellt euch wieder vor, wie die Kugel vor euch im weiten offenen Raum erscheint.

All die Farben, die in der Kugel umherwirbeln, verschmelzen nun zu einem klaren Hellblau, wie ein leuchtend blauer Himmel. Stellt euch beim Einatmen vor, wie dieses blaue Licht aus der Kugel in euch hineinfließt und mit all den Gefühlen der Trägheit und Dummheit in eurem Körper, eurer Rede und eurem Geist in Kontakt kommt und sie verwandelt. Das blaue Licht strömt in euch hinein, und ihr könnt diese Gefühle erkennen, verstehen, akzeptieren und loslassen. Sie verwandeln sich in dunkelblauen Rauch, der sich etwa einen halben Meter vom Körper entfernt vollständig auflöst. Habt ihr irgendwelche Schmerzen oder Krankheiten, lasst ihr das blaue Licht dorthin fließen und fühlt, wie es euch hilft.

Wenn ihr am Ende spürt, dass die Gefühle der Stumpfheit und Dummheit aufgelöst sind, lasst ihr das Licht zuerst zu den Menschen strahlen, die ihr kennt, und dann zu allen anderen. Stellt euch dann vor, wie das blaue Licht zur Kugel zurückkehrt. Die Kugel wird wieder sechsfarbig und bewegt sich von euch weg in den Raum, bis sie völlig verschwindet. Lasst euren Geist in offener Weite ruhen, solange euch das natürlich erscheint.

5. Visualisierung des rubinroten Lichtes, das Begierde überwindet

Betrachtet in eurem Geist nicht nur die unersättliche Begierde, sondern auch Gefühle von Entbehrung, Einsamkeit und Geiz und die Unfähigkeit, mit anderen zu teilen. Seht, wie sie sich in eurem Alltag äußern und welche körperlichen und emotionalen Auswirkungen sie haben.

Visualisiert die Regenbogenkugel vor euch am Himmel. Alle Farben verschmelzen zu einem heiteren Rubinrot. Die Farbe strahlt Pracht und Freundlichkeit aus. Stellt euch beim Einatmen vor, wie das rote Licht in euch hineinfließt und mit all den beschriebenen Gefühlen in Kontakt kommt und sie verwandelt. Das rote Licht strömt in euch hinein, und ihr könnt diese Gefühle erkennen, verstehen, akzeptieren und loslassen. Sie verwandeln sich in dunkelbraunen Rauch, der sich etwa einen halben Meter vom Körper entfernt auflöst. In diesem Prozess löst das Licht alle von Begierde und Geiz verursachten schädlichen Wirkungen in Körper, Rede und Geist auf. Betrachtet zum Beispiel, wie eure Begierden andere beunruhigen und euch selbst quälen – und visualisiert dann, wie das rote Licht diese Begierden heilt. Habt ihr irgendwelche Schmerzen oder Krankheiten, lasst das heitere, rote Licht dorthin strahlen und spürt, wie es euch hilft.

Lasst am Ende – wenn ihr das Gefühl habt, dass alles gereinigt ist – das Licht zuerst zu den Menschen strahlen, die ihr kennt, und dann zu allen anderen. Stellt euch dann vor, wie das rote Licht zur Kugel zurückkehrt. Die Kugel wird wieder sechsfarbig und bewegt sich von euch weg in den Raum, bis sie völlig verschwindet. Lasst euren Geist in offener Weite ruhen, solange euch das natürlich erscheint.

6. Visualisierung des dunkelblauen Lichtes, das Wut überwindet

Betrachtet die Gefühle von Ärger, Wut und Hass in eurem Geist. Seht, wie sie sich in eurem täglichen Leben äußern und welche körperlichen und emotionalen Auswirkungen sie haben.

Visualisiert wie zuvor die Regenbogenkugel vor euch am Himmel. Alle Farben verschmelzen zu einem funkelnden, juwelengleichen Blau-Schwarz. Stellt euch beim Einatmen vor, wie das dunkelblaue Licht in euch hineinfließt und mit all den Gefühlen von Ärger, Wut und Hass in eurem Körper, eurer Rede und eurem Geist in Kontakt kommt und sie verwandelt. Das dunkelblaue Licht strömt in euch hinein, und ihr könnt die Wut und den Hass erkennen, verstehen, akzeptieren und loslassen. Sie verwandeln sich in schmutzigen, schwarzen Rauch, der sich etwa einen halben Meter vom Körper entfernt auflöst. Habt ihr irgendwelche Schmerzen oder Krankheiten, lasst das dunkelblaue Licht dorthin fließen und spürt, wie es euch hilft.

Wenn ihr am Ende spürt, dass aller Ärger und aller Hass aufgelöst sind, lasst ihr das Licht zuerst zu den Menschen strahlen, die ihr kennt, und dann zu allen anderen. Stellt euch dann vor, wie das dunkelblaue Licht zur Kugel zurückkehrt. Sie wird wieder sechsfarbig und bewegt sich von euch weg in den Raum, bis sie völlig verschwindet. Lasst euren Geist in offener Weite ruhen, solange euch das natürlich erscheint.

FRAGE: Manchmal habe ich das Gefühl steckenzubleiben – ständig kommen mir dieselben Bilder und Dinge in den Sinn, auch wenn ich unterschiedliche Meditationen und Visualisierungen mache. Was raten Sie mir?

RINPOCHE: Ich empfehle, den Geist ein wenig ruhen zu lassen.

FRAGE: Aber ich spüre, wie ich sehr wütend werde, weil ich keine Fortschritte mache, und meine Gefühle dieser Übung gegenüber sind ziemlich negativ.

RINPOCHE: Wenn du wütend bist und keinen Fortschritt siehst, halte ich das für einen Fortschritt, denn vorher warst du dir nicht darüber im Klaren, dass du wütend bist. Wenn du erkennst, dass Wut da ist, so ist auch das eine Möglichkeit voranzukommen. Es ist wie beim Reinigen eines Tisches: Wenn er seit Jahren nicht geputzt worden ist, kann man nicht jedes einzelne Stäubchen erkennen; es ist einfach eine einzige dicke Schicht zu sehen. Wenn du ihn einmal im Monat reinigst, siehst du den neuen Staub. Wenn du ihn jeden Tag reinigst, kannst du jedes Stäubchen sehen. Es gibt immer noch Staub, aber man kann ihn sehr deutlich erkennen.

16. Allumfassendes Mitgefühl

Wir müssen die Notwendigkeit begreifen, die Übungen in umfassender Weise umzusetzen, indem wir uns mit Körper, Rede und Geist vollständig darauf einlassen. Wenn wir unseren Geist zur Reife bringen wollen, müssen wir negative Kräfte mit der Wurzel ausgraben. Führen wir diese Übungen gründlich durch, brauchen wir uns nach keiner weiteren Therapie umzuschauen.

Die Übung

Nehmt euch mindestens fünf Minuten Zeit, um anzukommen. Setzt euch bequem hin und haltet den Rücken aufrecht. Spürt den Raum um euch und achtet auf eure Körperempfindungen beim Sitzen. Spürt, wie der Atem in den Körper eintritt und ihn wieder verlässt – macht wenn nötig Atemübungen zur Entspannung und fangt dann mit der Übung an.

Diese Übung verbindet den Atem mit den Vier Grenzenlosen Kontemplationen und macht uns fähig, vollständige Herzensgüte zu entwickeln. In der ersten Hälfte der Sitzung stellen wir uns das Leiden, das Unglück und den fehlenden Frieden aller Wesen vor. Dieses Leiden tritt hauptsächlich beim Einatmen in uns ein. In der zweiten Hälfte der Sitzung denken wir, beim Ausatmen:

Mögen alle Wesen glücklich sein
und nur Ursachen für weiteres Glück schaffen.
Mögen sie alle frei sein von Leid
und keine Ursachen für zukünftiges Leiden schaffen.

Mögen sie wahres inneres Glück erreichen,
das jenseits allen Leidens ist.
Mögen sie allumfassendes, unparteiisches Mitgefühl
entwickeln,
frei von Voreingenommenheit für Freunde und Abneigung
gegen andere.

Widmet jeder Zeile dieses Wunschgebets ein Viertel der zweiten Sitzungshälfte. Macht diese Übung vier Wochen lang jeden Tag eine halbe Stunde. Denkt während des Tages, nach eurer Meditation, so oft wie möglich an diese Vier Grenzenlosen Kontemplationen. Versucht sie gut zu verstehen.

All diese Meditationsübungen sind Teil eines langsamen Wandlungsprozesses; sie bereiten den Geist auf die Entwicklung positiver Eigenschaften vor. Wir können nicht erwarten, dass Negativitäten auf einmal verschwinden; doch allmählich bereiten wir den Boden vor, und Schritt für Schritt finden Veränderungen statt.

17. Das Universum verwandelt sich durch Mitgefühl

Einführung

Diese Übung befasst sich mit den drei Bereichen – Körper, Rede und Geist –, wie wir sie gewöhnlich erfahren und wie wir sie erfahren können nach ihrer Umwandlung durch universelles Mitgefühl. Diese drei Bereiche umfassen all unsere Lebenserfahrungen von der Geburt bis zum Tod.

In der tibetischen Tradition stellt man die Verbindung zum Körper durch den Kopf her und zwar durch einen Punkt in der Mitte der Stirn. Für westliche Menschen ist das sehr zweckmäßig, da sie den Kopf häufig kaum als einen Teil des Körpers ansehen. Stellen wir die Beziehung zum Körper durch den Kopf her, werden wir an ihre Einheit erinnert. Die Verbindung zur Rede stellen wir durch einen Punkt am unteren Teil der Kehle her, die Verbindung zum Geist durch einen Punkt in der Körpermitte, in Höhe des Herzens.

In allen Fällen verwenden wir farbiges Licht, um die Heilkraft des allumfassenden Mitgefühls zu vermitteln. Irgendwann in ihrem Leben haben die meisten Menschen einmal Heilung erfahren, sei es durch Antibiotika, durch einen Heiler, eine Freundin, eine innere Erfahrung oder durch etwas in ihrer Umgebung. Jede Heilung kann als Manifestation des allumfassenden Mitgefühls betrachtet werden, das wir einladen können, uns in den drei Bereichen – Körper, Rede und Geist – zu helfen.

Das weiße Licht des allumfassenden Mitgefühls heilt vor allem den Körper und unsere Beziehung zur stofflichen Ebene der Wirklichkeit.

Das rote Licht wirkt heilend auf die Rede. Das Sprechzentrum am unteren Ende der Kehle ist verbunden mit positiven Gefühlen wie Liebe, Freude und kreativem Ausdruck. Wir erfahren all unseren Mangel und unsere Unzufriedenheit in Vergangenheit, Gegenwart und Zukunft am stärksten in diesem Zentrum, und auch ihre Heilung erfolgt an dieser Stelle. Das gilt vor allem, wenn unsere emotionalen Bedürfnisse nach Liebe, Freude und kreativem Ausdruck nicht befriedigt sind. Dabei besteht eine Verbindung zur Sprache – wir können unsere Gefühle sprachlich ausdrücken und auf diese Weise anderen offen und frei etwas von uns geben.

Das blaue Licht des allumfassenden Mitgefühls heilt vor allem den Geist und hilft bei Angst, Sorgen und geistiger Verwirrung.

Es folgen nun Anleitungen für die Verwendung der drei Farben bei der Heilung von Körper, Rede und Geist. Ihr müsst diese Anleitungen nicht wortwörtlich nehmen. Wenn ihr nichts damit anfangen könnt, bleibt einfach bei euren Erfahrungen und denkt vor allem an die Heilkraft des allumfassenden Mitgefühls; das ist die Hauptsache, das ist der Schlüssel. Denkt daran, dieses Mitgefühl ist stets für euch da, wenn ihr euch dafür öffnet.

Der tiefere Sinn dieser Übung besteht darin, euch darauf vorzubereiten, die dem Universum und allen Phänomenen innewohnende Reinheit und Vollkommenheit zu erkennen. Sie offenbaren sich euch, wenn Mitgefühl eure Wahrnehmung gereinigt und befreit hat von ichbezogener Verzerrung.

Die Übung

Vorbereitung: Entwickelt Mitgefühl in euch.

Beginnt jede Sitzung damit, euch an die Vier Grenzenlosen Kontemplationen zu erinnern:

Mögen alle Wesen glücklich sein
und nur Ursachen für weiteres Glück schaffen.
Mögen sie alle frei sein von Leid
und keine Ursachen für zukünftiges Leiden schaffen.
Mögen sie wahres inneres Glück erreichen,
das jenseits allen Leidens ist.
Mögen sie allumfassendes, unparteiisches Mitgefühl entwickeln,
frei von Voreingenommenheit für Freunde und Abneigung gegen andere.

Bereiten euch diese traditionellen Formulierungen Schwierigkeiten, lasst euch einfach von Mitgefühl erfüllen und dem Wunsch, niemand möge mehr leiden.

Heilung und Umwandlung durch das Licht des Mitgefühls

Die Ausgangssituation: Setzt euch aufrecht, aber bequem und entspannt hin. Wenn ihr euch im Sitzen nicht entspannen könnt, legt euch hin; es könnte dann aber schwieriger sein, die drei Zentren übereinander zu spüren.

Entspannt euch zunächst, spürt, wie der Atem ein- und ausströmt. Spürt, wie ihr bei jedem Ausatmen Unruhe, Ärger, Festigkeit und Unwohlsein immer mehr loslassen könnt. Jedes Ausatmen ist ein Loslassen – ihr macht den Weg frei für die Arbeit, die vor euch liegt. Lasst euren Geist frei durch den Körper wandern und spürt überall eure Empfindungen. Erkennt einfach, was da ist – Spannungen, Schmerzen, Unwohlsein. Lasst eure Aufmerksamkeit stetig weiterwandern und verweilt nicht zu lange an einer Stelle.

Stellt euch einen völlig offenen Himmel vor. Versucht, ein Gefühl für die unbegrenzte Weite des Raumes in allen Richtungen zu bekommen. Drei gleichmäßig breite, horizontale Lichtstreifen oder Lichtbänder erscheinen: oben ein strahlendes Weiß, in der Mitte ein warmes Rubinrot und unten ein tiefes Kornblumenblau. Ihr könnt sie euch entweder unermesslich groß vorstellen, wie sie sich von Horizont zu Horizont erstrecken und euer ganzes Blickfeld füllen. Oder sie bedecken nur einen Teil des Raumes vor euch.

Stellt euch vor, diese drei Farben verkörpern den aktiven Aspekt des allumfassenden Mitgefühls. Strengt euch nicht an, diese Farben zu sehen, spürt einfach, dass sie wirklich da sind – sehr leicht und leuchtend, sehr rein und ohne Substanz – wie ein Regenbogen.

Konzentriert euch zuerst auf das weiße Lichtband. Dieses strahlende, funkelnde, diamantklare weiße Licht tritt durch einen Punkt in der Mitte der Stirn in den Körper ein, breitet sich dann im ganzen Körper aus und bringt die Heilkraft des allumfassenden Mitgefühls mit sich. Fällt euch die Vorstellung schwer, dass das Licht durch diesen einen Punkt in euch eintritt, lasst es mit dem Atem einströmen oder – wie Regen – gleichmäßig über den ganzen Körper, denn euer Körper ist ja nichts Undurchlässiges. Was ihr euch auch vorstellt, spürt, wie sich alle

Schmerzen, alle Krankheiten und Spannungen auflösen, wenn sich das schillernde, weiße Licht immer ungehinderter ausbreitet; schließlich ist euer ganzer Körper rein und durchscheinend.

Kehrt jetzt zu eurer eigenen Erfahrung zurück. Spürt euch selbst in eurem Körper und werdet euch aller Gefühle bewusst. Öffnet euch für eure Enttäuschungen, für Unzufriedenheit und die Unterdrückung eurer Kreativität und Freude. Erinnert euch an alle vergangenen oder gegenwärtigen Gefühle der Entbehrung – den Mangel an Liebe, Schönheit, Bildung, Freundschaften und Intelligenz. Lasst alle Gefühle der Unzufriedenheit, Abneigung und Entfremdung zu. Seid euch des Neids und der Eifersucht bewusst, die solche Gefühle in euch wecken, und auch der Panik und Verwirrung, wenn ihr das, was ihr zu brauchen und zu begehren glaubt, nicht bekommt.

Denkt an alles, was ihr anderen geben möchtet, an alles, dem ihr Ausdruck verleihen wollt, an alles, was blockiert ist oder bislang noch nicht lebendig werden konnte.

Werdet nun wieder der drei Lichtbänder gewahr, der Farben des allumfassenden Mitgefühls vor euch am Himmel.

Richtet eure Aufmerksamkeit jetzt auf den roten Lichtstreifen. Es ist ein heiteres, frohes Rot, das Freude, Spontaneität und Liebe schenkt. Diese Farbe ist nie schwer oder blutig; sie ist fröhlich, und wir können leicht eine Beziehung zu ihr finden. Spürt, dass durch dieses reine, rote Licht des Mitgefühls all euer Verlangen, eure Unzufriedenheit und das, was ihr nicht ausdrücken könnt, geheilt wird. Das rote Licht strömt durch einen Punkt am unteren Ende der Kehle, mit dem Atem oder überall sonst – wie Regen – in euch ein; auf welche Weise es auch zu euch gelangt, es fließt frei durch den Körper und bringt ein Gefühl der Freude, der Liebe und der vollständigen Erfüllung.

Es löst alles auf, was klare Rede und jede Art von kreativem Ausdruck behindert. Das Licht verbreitet sich ohne jedes Hindernis und bringt reine und vollständige Heilung durch allumfassendes Mitgefühl. Dieses Licht befreit euch; ihr spürt Freude, Liebe und Mitgefühl; und ganz gleich, was in der Vergangenheit geschehen ist, ihr seid frei, es zu empfinden und zum Ausdruck zu bringen.

Kehrt jetzt zu eurer eigenen Erfahrung zurück und lasst dieses Mal alle Angst zu, die ihr erfahren habt. Alle Ängste, angefangen von leichter Nervosität, Sorgen, Befangenheiten, kleinen Unsicherheiten bis hin zur überwältigenden Angst vor dem Sterben, vor Katastrophen und dem Verrücktwerden. Denkt auch an die Angst, euch mit euch selbst und anderen zu konfrontieren, an Erfahrungen der Verwirrung, der mangelnden Klarheit und geistigen Instabilität.

Jetzt sehen wir wieder die drei Lichtbänder vor uns, die drei aktiven Verkörperungen des allumfassenden Mitgefühls. Dieses Mal richten wir unsere Aufmerksamkeit auf das intensive Blau am unteren Ende. Dieses tiefe Kornblumenblau, wie Lapislazuli in Lichtform, gibt uns ein Gefühl von Mut, Vertrauen, Stabilität und geistiger Klarheit. Mitgefühl in dieser Form heilt alle Arten von Angst, Sorgen, Unsicherheit und Verwirrung und schenkt uns statt dessen Mut, Ruhe und entspannte Stabilität.

Spürt, wie sich das blaue Licht euch nähert und auf der Höhe des Herzens in den Körper einströmt. Dieses wundervolle, tiefblaue Licht besitzt die besondere Kraft, alle Ängste, Sorgen und verzerrten Wahrnehmungen des Geistes zu heilen. Ob das blaue Licht des Mitgefühls durch einen einzigen Punkt in euch eintritt, mit dem Atem oder – wie Regen – am ganzen Körper gleichzeitig, es strömt ungehindert durch den Körper, gibt uns ein Gefühl von Mut, Offenheit und Stabilität und heilt alle Leiden des Geistes.

Spürt jetzt, wie das Licht des Mitgefühls euch vollständig gereinigt hat – Körper, Rede und Geist. Ihr seid nun in all diesen Aspekten eures Seins völlig rein. Euer ganzes Wesen hat sich in Mitgefühl verwandelt.

Verwandlung des ganzen Universums durch Mitgefühl

Stellt euch nun vor, dass die drei Farben des mitfühlenden Lichtes vor euch am Himmel ganz hell zu strahlen beginnen und das ganze Universum mit weißen, roten und blauen Strahlen erfüllen.

Stellt euch vor, dass dieses Licht das ganze Sonnensystem und andere unbekannte Welten erleuchtet; alles, was dazu gehört, wird vollständig gereinigt und verwandelt. Das ganze Universum wird zum Paradies – zu einer Welt der Reinheit, der Vollkommenheit und des vollkommenen Glücks.

Alle Klänge sind unendlich schön und rein; sie sind der spontane und natürliche Ausdruck der Vollkommenheit.

Alle Gedanken, die das Universum, in welcher Art und Weise auch immer, beleben – selbst die kleinsten Bewegungen des Geistes – sind Ausdruck dieser Vollkommenheit.

Wenn euch die Probleme und das Leiden einer Person, eines Landes oder Volkes ganz besonders am Herzen liegen, könnt ihr daran denken, wenn das Licht des Mitgefühls das Universum erfüllt. Stellt euch vor, dass das Licht ganz besonders dorthin gelangt.

Abschluss

Ruht ganz und gar in diesem Zustand der Vollkommenheit, solange ihr euch damit wohlfühlt. Beendet die Übung, wie ihr sie angefangen habt, und vertieft euch für eine Weile in die Vier Grenzenlosen Kontemplationen oder entwickelt auf andere Weise Mitgefühl.

Macht diese Übung vier Wochen täglich eine halbe Stunde lang.

Nachbemerkung: Wenn ihr einen Bereich der Heilung besonders betonen wollt, wie beispielsweise das weiße Licht für den Körper, könnt ihr länger dabei verweilen, schließt jedoch stets alle drei Lichtbänder in die Visualisierung mit ein.

Nachwort zu den Übungen

Der Inhalt dieses Buches wurde ursprünglich im Rahmen von Kursen in ungefähr 20 verschiedenen Gruppen über eine Zeit von zehn Jahren in Großbritannien, Irland, den USA und Südafrika angeboten.

Auf Wunsch von Akong Rinpoche begann ich, Kurse in Massage und Entspannung zu geben, und bezog zunehmend Material aus diesem Buch ein. Mit den Fragen und Problemen, die sich aus den Kursen ergaben, wandte ich mich dann an Akong Rinpoche. Seine Antworten flossen in die späteren Kurse ein und wurden in das Buch aufgenommen. Alle, die an diesen Kursen teilnahmen, haben somit zu diesem Buch beigetragen, auch meine Klientinnen und Klienten in Edinburgh, die die verschiedenen Übungen ausprobiert und mir die Ergebnisse mitgeteilt haben.

Von Beginn an war die Reaktion auf das Material positiv. Viele Menschen haben mir geschrieben, oft lange, nachdem sie einen bestimmten Kurs besucht hatten, und berichteten von den positiven Auswirkungen der Übungen auf ihre Gesundheit und ihre innere Entwicklung. Einige, die schon über zehn Jahre oder länger meditiert hatten, konnten durch die schlichte Herangehensweise ihren spirituellen Ehrgeiz und andere Hindernisse auf dem Weg zu echter Meditation überwinden. Andere empfanden die Ratschläge und die Abfolge der Übungen als sehr praktisch, bodenständig und leicht in ihr tägliches Leben integrierbar.

Wer bereit ist, »in den Kindergarten« zurückzukehren und die Anfänge und die einfachsten Formen der eigenen Erfahrung ernstzunehmen, wird am leichtesten Nutzen aus dieser Arbeit ziehen. Es dauert fast ein Jahr, das Material in diesem Buch durchzuarbeiten, selbst für die, die jeden Tag praktizieren. Doch das sollte dann nicht das Ende der Therapie, der Selbstheilung sein. Eher ist es der Beginn einer wirklichen Therapie – wir arbeiten mit der Welt, so wie sie ist, und mit uns selbst, so wie wir sind – von jetzt bis an unser Lebensende.

EDITH IRWIN

Schlichtheit und Direktheit im Leben und Vermitteln des Dharma, der Lehren des Buddha, charakterisieren das Leben von Akong Rinpoche. Er selbst sieht sein Leben durch drei Hauptphasen bestimmt: sein frühes Leben in Tibet, sein Leben in Indien und sein Leben und Lehren im Westen.

Der erste Akong Tulku (1883–1938) besaß sehr viele Qualitäten, und nach seinem Tod baten die Menschen in seinem Kloster Dolma Lhakang Seine Heiligkeit den Karmapa, seine Reinkarnation zu suchen. Sie wurde 1942 gefunden, und kurz darauf wurde der damals dreijährige Akong Rinpoche inthronisiert. Er kehrte dann nach Hause zurück und trat mit sechs Jahren ins Kloster ein. Dort begannen das intensive Training und die speziellen Belehrungen für Tulkus. Zu seinen vielen berühmten Lehrern gehörten Seine Heiligkeit der Karmapa, Trungpa Rinpoche, Rolpe Rinpoche und Dilgo Khyentse Rinpoche. Einer seiner Hauptlehrer war Sechen Kongtrul Rinpoche, der auch der Lehrer von Trungpa Rinpoche war.

In seiner Jugend absolvierte er ein sechsmonatiges Retreat und spezialisierte sich auf das Studium der Medizin; beides tat er aus eigenem Interesse, und weil es in seinem Kloster eine starke medizinische Tradition gab. Das Interesse für Medizin und therapeutische Meditationstechniken durchzieht sein ganzes Leben, und, wo immer er lehrt, entwickelt er diese Methoden weiter, um Menschen helfen.

In Tibet trug er die Verantwortung für ein Mönchskloster, vier Nonnenklöster und ein Retreatzentrum. Er gab Belehrungen für Menschen im Retreat, für Laien sowie für die etwa 1000 Mönche und Nonnen in Dolma Lhakang (auch der Name des Gebiets, das ihm unterstand). Akong Rinpoche empfindet tiefe Dankbarkeit für die Lehrer, die ihn in Tibet das Dharma lehrten.

Mit zwanzig Jahren musste Akong Rinpoche wegen der chinesischen Invasion Tibet verlassen. Zusammen mit Trungpa Rinpoche und einer großen Gruppe Tibeter, Laien und Mönche, floh er. Die Reise war sehr beschwerlich.

Rinpoche erreichte Indien 1959 und sollte vier Jahre lang dort bleiben. Das erste Jahr war besonders schwierig – er musste sich an eine unbekannte Gesellschaft, neue Sitten und eine andere Sprache gewöhnen. Der inzwischen verstorbenen Schwester Palmo (Freda Bedi) ist er sehr dankbar, dass sie ihn und Trungpa Rinpoche adoptierte und ihnen ein Zuhause gab. Im zweiten Jahr in Indien übernahm er die Verantwortung für ein Heim für junge Lamas in Delhi. In Indien begegnete er Menschen aus allen Gesellschaftsschichten (einschließlich Jawaharlal Nehru) und begann, westliche Ideen kennen- und verstehen zu lernen.

1963 kam er in den Westen und lebte vier Jahre in Oxford. In dieser Zeit arbeitete er in einem Krankenhaus. Er ist Dr. Juel-Jensen sehr dankbar, sowohl für seine persönliche Freundlichkeit als auch dafür, dass er ihm wertvolle Einblicke in die Wirkungsweise westlicher Medizin gab. Für Akong Rinpoche war dies deshalb besonders hilfreich, weil er im Krankenhaus nur einfache Aufgaben übernehmen durfte, da seine medizinische Ausbildung in Tibet im Westen nicht anerkannt wurde.

In Oxford interessierten sich viele Leute für tibetische Meditationstechniken und tibetische Kultur, und es wurde beschlossen, ein Anwesen zu kaufen, wo Trungpa und Akong Rinpoche lehren konnten. Das war der Anfang von Samye Ling 1967. 1969 ging Trungpa Rinpoche nach Amerika. Seitdem ist Akong Rinpoche für Samye Ling zuständig.

Aus bescheidenen Anfängen entwickelte sich das tibetische Zentrum Kagyü Samye Ling zu einem wichtigen Mittelpunkt mit einigen Dutzend Zweigzentren in Europa und Südafrika. Diese Zentren wuchsen langsam und stetig. Rinpoche bemüht sich, in jedem dieser Zentren wenigstens einmal im Jahr einen Kurs zu geben, und arbeitet unermüdlich zum Wohle aller Beteiligten. In Samye Ling haben alle die Möglichkeit, von ihm persönlich Rat und Anweisung zu erhalten.

Auf Anregung Rinpoches wurde in Samye Ling der größte buddhistische Tempel Westeuropas gebaut, in dessen zentralem Meditationsraum mehrere hundert Menschen Platz haben. Die Entwicklung von Samye Ling und seiner Zweigzentren war Ausdruck von Rinpoches großem organisatorischem Geschick. Seinen Schülern gegenüber legte er großes Mitgefühl und große Geduld an den Tag, und er lehrte nicht nur Bescheidenheit, sondern lebte sie Tag für Tag vor.

Neben diesen Aktivitäten schuf Akong Rinpoche auch eine weltweite Hilfsorganisation, ROKPA. Die therapeutische Seite seiner Arbeit baute er, ausgehend von den Übungen dieses Buchs, zum Tara Rokpa-Prozess aus.

Akong Rinpoche starb am 8. Okt. 2013 unter tragischen Umständen in Chengdu, China. Er war ein kompetenter Meister des Vajrayana und besaß die tiefe Überlieferung des Mahamudra. Dieses Buch ist Ausdruck seines tiefen Verständnisses westlicher Lebensverhältnisse, seines unschätzbaren spirituellen Rats und seiner geistigen Führung.

Abbildungen

Die Kalligraphien und Zeichnungen (außer Seite 158/159) wurden speziell für die englische Originalausgabe dieses Buchs angefertigt vom 12. Khentin Tai Situpa, einem berühmten tibetischen Meditationslehrer, dem wir sehr herzlich dafür danken.

Anhang: Den Tiger zähmen und der Tara Rokpa-Prozess

In den letzten 35 Jahren hat Akong Rinpoche zahlreiche Übungen entwickelt, die zum Teil ihren Niederschlag in diesem Buch gefunden haben. Als längerfristiger Übungsweg sind sie unter dem Namen Tara Rokpa-Prozess bekannt geworden. All diesen Übungen gemeinsam ist der Brückenschlag zwischen therapeutischer Selbsthilfe und der Weisheit und Meditationserfahrung des Buddhismus. Die Übungen setzen keine Vorerfahrungen in Buddhismus, Meditation oder Therapie voraus, sondern sie bieten einen direkten Weg zum Umgang mit Stress, Verwirrung, Ängsten und emotionalen Schwierigkeiten und ermöglichen einen Einblick in das wahre Potenzial unseres Geistes. Der Schwerpunkt liegt dabei auf der eigenen Erfahrung, der Reifung als Person, und der Entwicklung von Verständnis und Mitgefühl für sich selbst und andere. Ausgangspunkt ist immer unser Alltagsleben.

»Den Tiger zähmen« in der Praxis

Die Leserinnen und Leser dieses Buches haben mehrere Möglichkeiten, die Übungen in die Praxis umzusetzen:

1. Individuelles Üben

Sie können die Übungen entweder alleine oder mit einer Gruppe von Freunden, den Anleitungen im Buch folgend, durcharbeiten. Wenn Sie sich an den vorgegebenen Zeitrahmen halten, wird dies ungefähr ein Jahr dauern. Bei Fragen können Sie über das Tara Rokpa-Büro Kontakt zu in dieser Methode ausgebildeten Kursleitern und Therapeuten aufnehmen.

2. Seminare

Die ersten Übungen aus dem vorliegenden Buch werden mittlerweile auch in Seminarform angeboten. Weitere Kursangebote mit Übungen aus diesem Buch sind in Vorbereitung.

3. Längerfristiger Entwicklungsprozess im Kontext von Tara Rokpa

Nachdem viele Menschen weltweit das Übungsprogramm von »Den Tiger zähmen« als sehr nützlich empfunden haben, hat Akong Rinpoche es immer mehr erweitert. In den 1980er Jahren entstand daraus der mehrjährige »Tara Rokpa-Prozess«, den es seit 1991 auch in Deutschland gibt.

Dieser Übungsweg steht allen offen, die sich für Selbsterkenntnis und innere Entwicklung interessieren. Der Rahmen ist offen, individuell, selbstmotiviert, nicht-religiös und bietet Unterstützung durch einen Gruppenkontext und regelmäßige Wochenendseminare. Besonders nützlich ist dieser Prozess auch für therapeutisch arbeitende Menschen, die ihr Interesse an Therapie und Meditation miteinander verbinden wollen.

Zusätzlich zu den Übungen von »Den Tiger zähmen« enthält der Tara Rokpa-Prozess u. a. folgende Teile:

Zurück zu den Anfängen

Dies ist eine Erforschung unseres Lebens als Ganzes, die uns hilft zu sehen, wer wir wirklich sind. *Zurück zu den Anfängen* bietet eine Struktur, innerhalb derer wir sowohl unsere negativen wie auch unsere positiven Erfahrungen in ausgeglichener Weise anschauen können. Die Methode beinhaltet autobiographisches Schreiben, kreative und Kunstarbeit, einfache Massage, Entspannung, Visualisation, die Arbeit mit den Elementen (s. u.) und regelmäßige Gruppentreffen.

Mit den Elementen arbeiten

Die Arbeit mit den fünf Elementen Erde, Wasser, Feuer, Luft und Raum basiert auf der Einsicht, dass wir genau wie das ganze Universum aus diesen fünf Elementen bestehen. Die Beziehung der Elemente zu unserem Körper, unseren Emotionen und unserem Geist wird praktisch erlebt. Es geht um ein Gleichgewicht zwischen Innen und Außen und ein Gleichgewicht in uns.

Sechs Lichter

Basierend auf der Übung »Regenbogenkugel« aus diesem Buch wird das Thema des Umgangs mit schmerzhaften Emotionen ausgebaut und in mehreren Stufen vertieft.

Sechs Bereiche

Die *Sechs Bereiche* – eine weitere Fortführung der Übung »Regenbogenkugel« aus diesem Buch – bieten eine intensive Auseinandersetzung mit verschiedenen Arten, in der Welt zu sein, und den diesen Welterfahrungen zugrunde liegenden negativen emotionalen Zuständen. Visualisationen und farbiges Licht helfen uns, diese Erfahrungen zu transformieren.

Mitgefühl

Die Entwicklung von Mitgefühl für sich selbst und andere ist das übergeordnete Ziel aller Übungen von Akong Rinpoche. In dieser Phase wird das buddhistische »Geistestraining in Sieben Punkten« erlernt und geübt, auf eine flexible, alltagspraktische Weise, die für westliche Menschen zugänglich und nützlich ist.

Ulrich Küstner

Weitere Werke von Akong Rinpoche

In Harmonie mit der Erde. Leben aus der Weisheit Tibets (2011), edition steinrich

Limitless Compassion. A Way of Life (2010), Dzalendara Publishing

Bücher zu Akong Rinpoches Übungen und Tara Rokpa

Ulrich Küstner (Neuausgabe 2022) *Tara Rokpa – Weg zu Freiheit und Mitgefühl* (edition steinrich)
Eine ausführliche Einführung in den vollständigen Übungsweg von Tara Rokpa, mit einem Überblick über die westlichen Kontexte der Methode.

Edith Irwin (2000) *Heilende Entspannung nach der Tara Rokpa-Methode* (Theseus Verlag. Vergriffen)
Ein praktisches Übungsbuch zu Tara Rokpa als Entspannungsmethode, mit ausführlichen Anleitungen zu Massage und Körperübungen.

Edie Irwin (1993) *Zurück zu den Anfängen,*

Edie Irwin (2006) *Mit den Elementen arbeiten*

Edie Irwin (2010) *Sechs Lichter*
Übungsmanuale einzelner Tara Rokpa-Phasen (erhältlich über das Tara Rokpa-Büro).

Weitere Informationen und Kontaktadresse:

Tara Rokpa-Büro, c/o Petra Niehaus, Gartenstr. 48, 52064 Aachen,
Tel. 0241 – 87 24 53, info@tararokpa.de
Im Internet: www.tararokpa.de